教育部中等职业教育专业技能课立项教材

物流服务与管理

WULIU QIYE KEHU GUANXI GUANLI

物流企业客户关系管理

主编／张松涛　詹帅　李腾

中国人民大学出版社

·北京·

前言

Preface

《国家中长期教育改革和发展规划纲要（2010—2020 年）》中明确指出“增强职业教育吸引力”，“加大职业院校教师培养培训力度”。教育部、财政部围绕纲要内容，为进一步推动和加强职业院校教师队伍建设，促进职业教育科学发展，制定了《2011—2015 年实施职业院校教师素质提高计划》。以此为背景，我们针对中职教育实操性较强的特点，以“教师好用、学生有用、实践管用”为宗旨，以适应中职教学要求、提高教学效果为目的，运用“案例设问—理论学习—分析探讨—练习巩固”的模式，进行本教材的编写。

本教材主要具有以下特点：

1. 体例适合中职学生学习。以任务为导向，在每一个项目开篇设置了“问题引入”“任务导读”，使读者在开始学习该部分内容之前，带着思考并对其中的重点和学习要求有所了解；此外，每一个任务后面都提供了拓展练习，便于读者巩固对理论知识的理解。每一个项目后面所列出的实训练习有利于读者巩固所学的知识。

2. 知识体系完整，内容上贴近新的发展。本教材每个项目对本行业最新知识进行了梳理，为读者提供最前沿的知识。

3. 知识介绍和表达完善。本教材较全面地对物流企业客户关系管理的相关知识进行了介绍，在语言表述上贴近中职生的学习习惯。

本教材划分为七个项目，每一个项目又分为若干任务。项目一为物流企业客户关系管理概述，分为客户、客户关系以及客户关系管理三个任务；项目二为物流企业客户关系管理的产生和应用现状，分为客户关系管理的产生、客户关系管理的发展、客户关系管理在物流业中的应用、客户关系管理软件系统应用四个任务；项目三为物流企业客户开发，分为物流企业客户开发的策略及岗位职责、物流企业客户开发流程和业绩考核两个任务；项目四为物流企业客户关系的建立，分为物流企业客户信息调查与管理、物流企业客户数据库的建立以及物流企业客户分级三个任务；项目五为物流企业客户关系的维护，分为客户的沟通、客户的满意与客户的忠诚、客户的投诉以及流失客户的争取四个任务；项目六为物流企业客户关系管理的营销策略，主要分为物流企业数据库营销、物流企业一对一营销、物流企业关系营销、物流企业客户关系管理的营销自动化以及物流企业客户关系管理的营销创新五个任务；项目七为物流企业客户关系管理与企业核心竞争力，分为物流企业核心竞争力概述以及客户关系管理对物流企业核心竞争力的提升两个任务。

本教材由张松涛、詹帅、李腾任主编。其中詹帅负责项目一、项目三、项目四、项目五、项目七的撰写，李腾负责项目二、项目六的撰写。全书由张松涛总纂和定稿。在教材编写中，杨永会、崔琦、陈晓丽参与了资料搜集、整理工作。

本教材包含了编者的一些研究成果和教学体会。在写作过程中，编者也阅读和参考了大量的有关文献资料，这些文献资料对于编者完成这本教材起到了很大的帮助作用。本教材的出版得到中国人民大学出版社的大力支持。在此，我们深表谢意。

目录 Contents

物流企业客户关系管理概述

问题引入

麦克经营着一家旅游服务公司，主要为客户提供旅游服务和分时度假服务。业务发展得很快，同时也有很多新的管理问题涌现出来，比如目标客户定位、客户需求采集、客户流失分析等，让他感觉有些力不从心，于是他准备在公司里加强信息系统的辅助管理。杂货店的老板清楚地知道那些客户的喜好和个性，也知道那些客户的价值。这就是杂货店的CRM（客户关系管理），这种商业交易建立在一种私人关系或者说一种友谊的基础上，而不是一种纯粹的商业交易。这种以关系为中心的交易，使老板和客户都获得了一种满足感。麦克开始感觉到CRM的必要性，在他的旅游服务公司的业务中，忽略了对影响客户行为的因素的分析，只是把各种服务推向客户，推向假想中的目标客户，却没有真正地去了解：他们是谁？你为他们做了什么？有哪些竞争性因素？有哪些外部影响因素？麦克认为朝这个方向走下去，他的公司会有一个崭新的面貌。

问题：

1. 什么是CRM？
2. “CRM”这个词的核心思想是什么？为何它如此重要？

任务导读

学习目标

知识目标：

1. 理解客户的含义。
2. 理解客户关系的含义。
3. 理解客户关系管理的含义。

能力目标：

能够正确理解客户关系管理的理念和内涵，重视客户关系管理的重要意义，为今后开展和实施客户关系管理活动打下坚实的基础。

任务一 客户

案例导入

于先生因公务经常到泰国出差。第一次入住堪称亚洲饭店之最的泰国东方饭店时，其良好的饭店环境和服务给他留下了深刻的印象，他第二次入住时的几个细节更使他对饭店的好感迅速升级。那天早上，当他走出房门准备去餐厅时，楼层服务生恭敬地问道："于先生是要用早餐吗?"于先生很奇怪，反问："你怎么知道我姓于?"服务生说："我们饭店规定，晚上要背熟所有客人的姓名。"这令于先生大吃一惊，因为他频繁往返于世界各地，入住过无数高级酒店，但这种情况还是第一次碰到。于先生高兴地乘电梯来到餐厅所在的楼层，刚刚走出电梯，餐厅的服务生就说："于先生，里面请。"于先生更加疑惑，因为服务生并没有看到他的房卡，就问："你怎么知道我姓于?"服务生答："上面刚刚打电话过来，说您已经下楼了。"如此高的效率让于先生再次大吃一惊。后来，由于业务调整，于先生有三年的时间没有再到泰国去，在于先生的生日时，他收到了一张东方饭店寄来的生日贺卡，里面附了一封短信，内容是："亲爱的于先生，您已经有三年没有来过我们这里了，我们全体人员都非常想念您，希望能再次见到您。今天是您的生日，祝您生日愉快!"于先生当时非常激动，并决定如果再去泰国，绝对还要住在东方饭店，而且要说服所有的朋友也像他一样去入住东方饭店。于先生看了一下信封，信封上贴着一枚六元的邮票。六元钱就这样买到了一颗心，这就是客户关系管理的魔力。

知识探究

一、客户的概念

传统的观点认为，客户和消费者是同一概念，两者的含义可以不加区分，但对物流企业来说，客户和消费者是有区别的。客户是对本企业服务有特定需求的群体，它是物流企业经营活动得以维持的根本保证。客户资源是物流企业生存、发展的战略资源，它的价值体现在"所有客户未来为物流企业带来的收入之和，扣除生产服务以及营销的成本，加上满意的客户向其他潜在客户推荐而带来的利润"。客户和消费者之间的差别表现在以下几个方面：

（1）客户很注重与物流企业的沟通，需要物流企业安排专职人员负责和处理他们的事务，而且需要物流企业对客户的基本情况有深入了解；而消费者与物流企业的关系相对比较简单，即使物流企业知道谁是消费者，也不一定与其发生进一步的联系。

（2）客户的需求相对较为复杂，要求较高，购买数额也较大，而且交易过程延续的时间比较长；而消费者与物流企业的关系一般是短期的，也不需要长期、复杂的服务。

（3）客户是针对某一特定细分市场而言的，需求具有一定的共性；而消费者则是针对个体而言的，处于比较分散的状态。

（4）客户是分层次的，不同层次的客户需要物流企业采取不同的客户策略；而消费者可看成一个整体，并不需要严格区分。

大多数中国物流企业对“客户”的理解还比较模糊，因此，有必要对“客户”的概念重新认识。

现代客户管理中的客户，其内涵已经扩大，营销学中的客户、公司内部流程上的工作人员也可被称为客户。也就是说，客户可以是服务的最终接受者，也可以是供应链下游的企业客户、批发商、零售商等，甚至是企业内部上下环节间的工作人员。因此，“客户”这个名词是相对于服务提供者而言的，是所有接受服务的组织和个人的统称。

二、客户满意

物流企业追求客户满意出于两个方面的原因：一是不满意的客户会投诉，要求物流企业解决问题，物流企业需要投入大量的精力用于解决这些问题；二是不满意的客户比满意的客户需要更多的维护和服务成本。因此，提高服务质量，进而提高客户满意度，就可以减少兑现承诺所需要的成本支出。

（一）客户满意的概念

客户满意（customer satisfaction）是20世纪80年代中后期出现的一种经营思想，其基本内容为：物流企业的整个经营活动要以客户满意度为指针，要从客户的角度、客户的观点而不是物流企业自身的利益和观点来分析、考虑客户的需求，尽可能全面尊重和维护客户的利益。由此可见，客户满意是指客户通过对服务的可感知效果与其所期望的效果进行比较后所形成的愉悦或失望的感觉状态。如果可感知效果低于期望，客户就会不满意；如果可感知效果与期望值相匹配，客户就满意；如果可感知效果超过期望，客户就会提高满意度。

一种解释为：客户满意度是由客户对服务的期望值与客户对购买的服务的实际体验两个因素决定的。客户满意度指标可以用下面这个简单的公式来描述：

$$c=b/a$$

式中，a——客户对服务的期望值；

b——客户对服务的实际体验；

c——客户满意度。

当c接近0时，表示客户的期望完全没有实现；当c小于1时，表示客户对服务“不满意”；当c等于或接近1时，表示客户对服务比较满意，即“一般”；当c大于1时，表示客户所获得的实际体验超出了客户对服务的期望值，说明客户对服务“满意”。

另一种解释为：客户满意度是一个相对的概念，是客户期望值与最终值之间的匹配程度。可用公式表示为：

客户满意度＝理想产品－实际产品

如果“实际产品”优于“理想产品”，那么，客户不仅会感到满意，而且会产生惊喜、兴奋；如果“实际产品”劣于“理想产品”，那么客户就会不满意，甚至抱怨；如果比较吻合，客户期望得到验证，客户就会感到满意。国外有些企业就宣称其目标不是“客户满意”而是“客户惊喜”。

客户行为意义上的满意度，是指客户在多次购买中长期沉淀形成的感情诉求。客户经济意义上的满意度是服务等的综合。

另外，客户的期望值与其付出的成本相关，付出的成本越高，期望值越高。客户参与程度越高，付出的努力越多，客户满意度越高。

（二）客户满意的特征

1. 客观性

客户满意与否，对物流企业来说是一种客观存在。也就是说，客户一旦接受物流企业提供的服务，就有一个满意与否的问题。不论物流企业对此是否加以关注，是否进行调查，客户的评价总是客观存在的。

2. 抽样性

在相当多的情况下，对客户满意度只能进行抽样测评，因此测量到的客户满意度往往并不能完全反映客户整体的满意度。

3. 主观性

对客户来说，满意与否又是受自己的各种主观因素影响的。同样的服务，可能A客户是满意的，而B客户就可能不满意。客户是否满意以及满意的程度，取决于客户的经济地位、文化背景、需求、期望以及评价动机，甚至受个人的好恶、性格、情绪等非理性因素的影响。由于这种主观性，针对某一个客户的调查很可能并不反映服务的实际质量，因此，那些借助某几个客户的表扬信或所送的锦旗之类来证明自己服务质量的组织，并不一定值得信赖。

4. 否定性

客户向物流企业提供的往往是不满意的意见信息（投诉），而这种不满意的意见对物流企业更有价值，因而物流企业要大力收集这类信息。

5. 变化性

客户的需求和期望是随着客观条件，特别是社会经济和文化的发展变化而变化的。因此，客户满意也跟着发展变化。一般来说，社会经济和文化发展了，客户的需求和期望也会相应提高，客户的满意度便会发生变化，甚至从满意转变为不满意。在现代社会，经济和文化的发展很快，加上竞争对手的作用，若物流企业的服务不能跟上这种发展而提高（包括创新），很可能使客户满意度下降。只有持续改进，不断提高自己的服务质量水平，才能把客户满意度维持在一个既定的水平上，这也就是为什么要制定和实施客户满意和服务创新战略的根本原因。

6. 复杂性

测评客户满意度时，不同的客户或同一客户对不同质量特性、同一客户对同一质量特性的不同方面都存在不同评价，而且这种评价的强弱程度又各不相同，因而客户满意度指标往往不能只用一个百分比来表示，而要用多个数据。只用一个百分比表示往往存在虚假

性，其可信度可能大打折扣。

7. **全面性**

客户满意是对物流企业及其提供的服务的心理评价，这种评价是全面的而不是只针对某一质量特性而言的。客户满意既是针对服务质量特性的，又是针对物流企业本身的。物流企业的性质、形象、管理、承担的社会义务或社会责任，甚至所在的国家或地区、内部员工的生存状况、所在社区的反映、与政府或其他组织的关系、主要管理者或最高管理者的政治态度等，都可能直接或间接影响客户的满意状况。

8. **集合性**

对物流企业来说，客户满意度既是针对某一个客户的，又是针对全部客户的，全部客户的满意是若干个客户满意的集合。测量客户满意度，是测量全部或其具有代表性的一部分（其数量若太小就失去意义）客户的满意状况，而不是只测量一个客户的满意状况。

9. **隐含性**

客户满意与否往往隐含于客户的意识（甚至下意识）之中，只有在物流企业进行调查时才可能得到确认。当然，特殊情况下也可能是公开的，如客户主动向物流企业反映，包括提供好的意见和建议等，但大多数客户的满意情况是隐含的。

10. **下降性**

客户的需求和期望总是在发展的，因而在物流企业的质量相对稳定的情况下，客户满意度会呈现出下降的趋势；物流企业对客户满意度进行测评，正是为了保持客户满意度不下降并有所提高，从而使自己永远立于不败之地。

（三）客户满意的影响因素

客户满意度是客户建立在期望与现实基础上的对服务的主观评价，一切影响期望与服务的因素都有可能影响客户满意度。

1. **对客户满意度的直接影响因素的分析**

可以将影响满意因素分为不满意因素、满意因素与特别满意因素三类。

（1）非常满意因素。

非常满意因素是指超出客户事先预料、对其产生积极影响的性能、服务或感受。如客户意外收到生日贺卡，发现曾住过的酒店知道自己的姓名和生日。

（2）满意因素。

满意因素是指与客户满意期望相当或略好的因素或事件。满意因素越多，客户的满意度也越高。但是，满意因素并不能弥补不满意因素。

（3）不满意因素。

不满意因素是指某一与客户希望相反的消极条件或事件。它是客户购买该服务的最低要求，集中在服务的重要方面，如应该提供的基本服务、客户意见反馈渠道等方面。如果产品存在不满意因素，则客户的满意度下降；反之，则客户的满意度既不会提高，也不会下降。

客户只有对自己以往的购买经历感到满意，才可能重复购买同一家物流企业的服务，从而为这家物流企业带来滚滚财源。此外，客户满意还可以节省物流企业维系老客户的费用，同时，满意客户的口头宣传还有助于降低企业开发新客户的成本，树立企业的良好形象。

2. 从物流企业工作的各个方面分析

（1）客户关怀。

客户关怀是指不论客户是否咨询、投诉，物流企业都主动与客户联系，对服务等方面可能存在的问题主动向客户征求意见，帮助客户解决以前并未提出的问题，倾听客户的抱怨、建议。通常客户关怀能大幅度提高客户满意度。

（2）企业因素。

企业是产品与服务的提供者，其规模、效益、形象、品牌和公众舆论等内部或外部表现都会影响客户的判断。如果物流企业给客户留下一个很恶劣的形象，很难想象客户会考虑选择其服务。

（3）营销与服务体系。

物流企业的营销与服务体系是否有效、简洁，是否能为客户带来方便，售后服务时间的长短，服务人员的态度、响应时间，投诉与咨询是否便捷，都会影响客户满意度。同时，经销商作为中间客户，有其自身的特殊利益与处境。物流企业通过分销政策、良好服务赢得经销商的信赖，提高其满意度，能使经销商主动向客户推荐产品，解决客户的一般性问题。

（4）沟通因素。

物流企业与客户的良好沟通是提高客户满意度的重要因素。客户因为服务中存在的问题要向企业投诉，与企业联系时如果缺乏必要的渠道或渠道不畅，就容易产生不满。

3. 从客户期望的角度分析

客户期望是客户在购买服务之前对服务的价值、品质、价格等方面的主观认识或预期。

在消费前，客户会对物流企业的服务产生一个期望值，而这个期望值直接影响客户消费后对物流企业服务的评价，进而影响客户对物流企业的满意程度。如果物流企业提供的服务达到或超过客户期望，客户就会满意或很满意；而如果达不到客户期望，客户就会不满意。

4. 从客户感知的角度分析

如果物流企业提供的服务的感知价值达到或超过客户期望，客户就会满意或者非常满意，而如果感知价值达不到客户期望，客户就会不满意。

> 假设A、B、C三家物流企业同时向一个客户提供服务，客户对A、B、C三家物流企业的期望值都是b，而A、B、C三家物流企业给客户的感知价值分别是a、b、c，并且a>b>c。
>
> 那么，购买后，客户对C企业感觉不满意，因为客户对C企业的期望值是b，但是C企业给客户的实际感知价值是c，而b>c，也就是说，C企业所提供的服务没有达到客户的期望值，因此使客户产生不满。
>
> 客户在购买前对B企业的期望值为b，而客户实际感受到B企业的服务的感知价值刚好是b，也就是说，B企业所提供的服务刚好达到了客户的期望，所以客户对B企业是满意的。

客户在购买前对A企业的期望值为b，而客户实际感受到A企业的服务的感知价值是a，而a>b，也就是说，企业给客户提供的感知价值不但达到而且超过了客户的期望值，从而使客户对A企业非常满意。

这个例子说明了客户感知对客户满意的重要影响。

另外，客户满意和市场份额之间存在着双向影响。物流企业的市场份额会影响客户对服务的满意程度，反过来客户满意也可以影响物流企业的市场份额。从服务价格的角度而言，服务价格对物流企业的市场份额也有影响，即价格弹性。在企业运营过程中，客户满意和价格容忍度以及服务的价格弹性存在交互作用，共同影响物流企业的市场份额和利润，如图1-1所示。

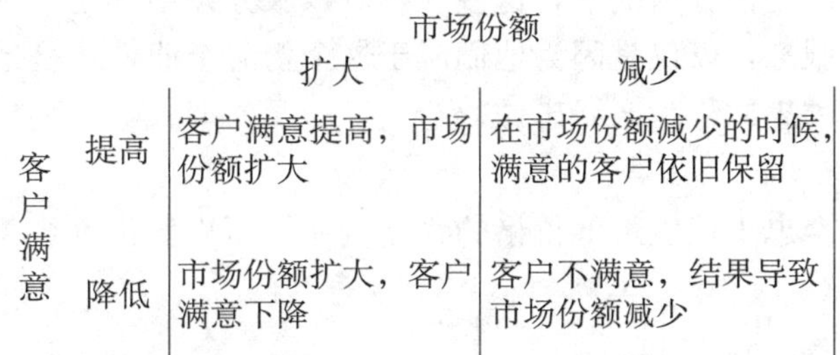

图1-1 客户满意和市场份额的关系

三、客户忠诚

一般的客户发展阶段为：潜在客户—新客户—满意的客户—留住的客户—老客户。据统计，开发一个新客户的成本是留住一个老客户所花费成本的5倍，而20%的重要客户可能带来80%的收益，所以留住老客户比开发新客户更为经济有效。因此，在赢得客户满意之后，物流企业最重要的就是要将这种满意转化为客户忠诚。

对物流企业来说，仅仅知道和了解客户对物流企业已经或正在提供的服务的满意程度，只是具有借鉴和参考作用，意味着获得了进入市场的“通行证”；而通过满意度研究，掌握客户对物流企业服务的信任和忠诚的程度，对物流企业挖掘潜在客户及其需求、增加未来市场销售才具有重要的意义。

（一）客户忠诚的概念

客户忠诚是指物流企业的营销行为或品牌个性与客户的生活方式或价值观念相吻合，以购买的顺序、购买的可能性等指标来衡量。客户忠诚也可以理解为客户长期锁定于一个公司，使用其服务，并且在下一次购买类似服务时还会选择这个公司。客户忠诚是物流企业赢利的源泉和成长的基石，是物流企业最大的无形资产。

（二）客户忠诚的类别

依据客户忠诚的内涵可以将客户忠诚分成以下几个主要类别。

1. 垄断忠诚

一些企业在行业中处于垄断地位，在这种情况下，无论满意与否，客户都别无选择，只能长期使用这些企业的服务，即这种客户忠诚源于服务的垄断。如公共事业公司具有很高的垄断性，客户只有这一种选择。

2. 潜在忠诚

客户不断地购买企业的服务，但企业的一些内部规定或其他的环境因素限制了客户的购买行为。

3. 亲缘忠诚

企业自身的雇员甚至包括雇员的亲属会义无反顾地使用该物流企业的服务，这是一种很牢固的用户忠诚。但是很多情况下，这些用户对该服务并不一定感到满意，甚至还会产生抱怨。他们选择该服务，仅仅是因为他们属于这个物流企业，或是他们的亲属属于这个物流企业。用户的这种忠诚称为亲缘忠诚。

4. 价格忠诚

价格敏感的客户会忠于提供最低价格的物流企业。而靠低价维系关系，很难把这些客户发展成为忠诚客户。

5. 利益忠诚

客户的忠诚来源于物流企业给予他们的额外利益，如促销政策、激励价格刺激等。另外，一些物流企业，尤其是一些新进入市场的物流企业，在推广服务时会突出一些优惠政策，这些政策对很多客户有着巨大的诱惑力，因此在此期间这些客户往往对这种服务保持着一种忠诚。但这类客户的忠诚极不稳定，一种倾向是一旦服务的价格上涨或者物流企业的优惠政策取消，这些客户就离开该物流企业，这种忠诚也就消失；另一种倾向是客户通过初期的使用慢慢对这一服务真正产生兴趣，或是真正对该物流企业感到满意，这种忠诚就变得更加稳定和持久。

6. 超值忠诚

这是一种典型的品牌或情感忠诚，客户高重复购买、高度依赖，不仅反复光顾，而且还热心地向他人推荐，这种忠诚对很多行业来说都是很有价值的。

7. 惰性忠诚

有些客户出于方便或是因为惰性，会长期保持一种忠诚，这种情形在一些服务行业尤为突出。

8. 信赖忠诚

当客户对企业的服务感到满意，并逐步与企业建立一种信赖关系后，往往会形成一种忠诚。这种忠诚不同于前面的几种，它是高可靠度、高持久性的。这一类型的忠诚客户可以看成是企业的追随者和义务推销员。

（三）客户忠诚给物流企业带来的效益

忠诚所带来的收获是长期且具有累积效应的。也就是说，一个客户保持忠诚越持久，物流企业从他那里得到的利益就越多。国外研究表明，客户保持率每提高5%，客户的净现值就增加35%～95%。客户忠诚给物流企业带来的经济价值体现在以下几个方面。

1. 减少失败的花费，节约服务成本

老客户对物流企业的服务非常了解，知道如何方便地从物流企业得到服务，所以老客户的服务成本远远低于新客户的服务成本。因此，客户保持越久，物流企业为老客户提供服务的成本也就越低。

2. 产生基本利润

基本利润是指物流企业平均每年从每个客户所获取的利润。客户保持时间越长，物流企业从该客户获取的基本利润就越多。而失去一位客户，就意味着失去一份基本利润。

3. 增加客户份额，提高收入

客户保持时间越长，客户购买服务的数量就越多；同时客户还会购买相关服务，增加企业其他服务的收入，为企业提供多元化发展的机会。因此，客户保持越久，物流企业从老客户那儿获得的收入越多，客户对物流企业的价值越大。

4. 节约争取新客户的成本，并获得议价受益

随着物流企业之间为争夺客户而展开的竞争日趋白热化，市场上的新客户没有以前那么多，显得越来越珍贵，尤其是在成熟期的市场中，要开拓新客户更不容易。新客户没有体验过服务，对物流企业还处在认识和观察阶段，不敢放心地进行购买，因此，企业争取新客户需要花费较多的成本，包括推销费用（如向新客户推销所需的佣金、推销人员的管理费用及公关费用等）、广告宣传费用、促销费用（如免费使用、打折、降价等），还有大量的登门拜访以及争取新客户的时间成本、人力成本和精力成本等。在竞争日益激烈的买方市场中，物流企业开发新客户的成本非常高，而且这些成本还呈不断攀升的趋势。如广告费用不断上涨，而广告份额却在下降，物流企业若要维持原有的广告份额，就必须不断增加广告费用。所以，节约争取新客户的成本非常重要。所谓议价受益是指新客户往往需要通过促销、价格优惠等措施来吸收和争取，而老客户对公司的程序比较熟悉，对公司的服务比较了解，与公司的关系也比较密切，对价格不太敏感，一般不太计较服务的价格。因此老客户容易接受议价，物流企业可以从中获取更多的利润。

5. 赢得更多的正面口碑

忠诚的客户经常向潜在的客户推荐将为物流企业带来更多的客户，特别是风险比较大的产品服务，客户在购买之前很难评估服务的质量，这时忠诚客户的口碑十分重要，能起到很好的促进作用，远远胜过物流企业自身的广告。满意和愉悦的客户会告诉朋友、邻居和亲戚他的感受，从而产生良好的口碑，带来更多的业务。因此，客户保持越久，忠诚客户越多，通过口碑为物流企业推荐的新客户就越多。也就是说，客户忠诚度越高，客户保持得越久，物流企业获取的利润也就越高。

6. 降低交易成本

交易成本是指交易双方可能用于寻找交易对象、签约及履约等方面的支出，包含金钱、时间和精力的支出。交易成本主要包括搜寻成本（即搜寻交易双方的信息所发生的成本）、谈判成本（即为签订交易合同所发生的成本）、履约成本（即为监督合同的履行所发生的成本）三个方面。

由于忠诚客户比新客户更了解和信任企业，因此，企业对新客户必须支付的许多成本在忠诚客户那里都可以省去。另外，忠诚客户与企业已经形成一种合作伙伴关系，彼此之间已经达成一种信用关系，因此，忠诚客户与企业交易的惯例化可使企业大大降低搜寻成本、谈判成本和履约成本，从而降低交易成本。

7. 有利于物流企业发展

随着物流企业与忠诚客户关系的延续，忠诚客户带来的效益呈递增趋势，从而为物流企业的发展带来良性循环。客户忠诚的企业，增长速度快，发展前景广阔，潜力巨大，可以使员工树立荣誉感和自豪感，进而激发员工士气。客户忠诚的物流企业获得的高收入可以用于再投资、再建设、再生产、再服务，也可以进一步提高员工的待遇，进而提升客户的满意度和忠诚度。而客户忠诚的进一步提高，又将增加企业的收益，给企业带来更大的发展，从而进入下一个良性循环。

总而言之，忠诚客户使物流企业获得了丰厚的利润，保证了物流企业的可持续发展。可以这么说，忠诚客户的数量决定了物流企业的生存与发展；客户忠诚的质量，即忠诚度的高低，决定着物流企业竞争能力的强弱。

四、客户价值

（一）客户价值的定义

目前对客户价值的看法还没有统一，为了探索客户对价值的看法，加德尔、雷启斯、伍德罗夫、熊曼等许多学者做了大量的实证研究。伍德罗夫从客户的角度将客户价值定义为："客户价值是客户对产品属性、属性效能以及使用结果（对实现客户目标和初衷的促进或阻碍）的感知、偏好和评价。"这个定义不仅综合考虑了客户的期望价值和实现价值，而且强调了价值来源于客户感知、偏好和评价，同时也将产品与使用环境和相应的客户感知效果紧密地联系起来。客户价值的形成一般可表示为：

价值＝利益－成本

物流企业为了给客户提供更多的价值，可以采用两种不同的方法，即提高利益或降低成本。那么，到底是为客户创造更多的利益好，还是提供价格更低廉的产品好，这取决于客户的感觉。

客户价值的层次模型（见图1－2）表明了客户对期望价值的感知方式。在购买和使用产品时，客户根据特定服务属性对实现期望结果的贡献，形成一种期望和偏好，反映在客户价值上就是使用和拥有价值。在最底层，客户将服务看作特定属性和属性效能的结合体。

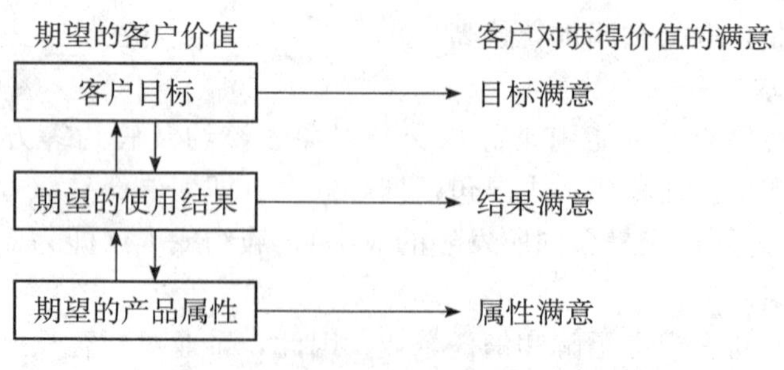

图1－2 客户价值的层次模型

此外，客户的使用情形在期望形成过程和评估过程中都发挥着重要的作用。如果使用情形发生变化，产品属性、目标和结果之间的联系同样会发生变化。

（二）客户价值与客户满意度

从客户价值的定义中不难发现，客户价值与客户满意度之间存在很强的内在联系。两者都是服务的评估性判断，都十分看重使用情形。二者在含义上存在一定的重叠，客户价值与客户满意度之间的关系如图 1－3 所示。

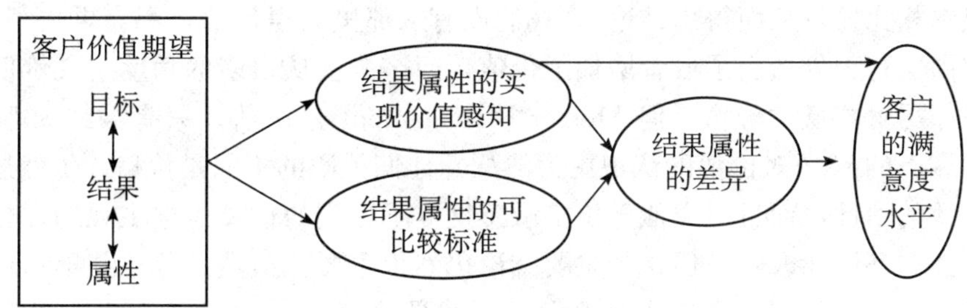

图 1－3　客户价值和客户满意度的关系

在客户价值层次模型的每一个层次上，都可以产生一个满意度水平，而总体满意程度取决于客户对不同层次上的满意程度的权衡和积累。因此，客户可能会对产品属性、使用结果和目标实现程度等形成不同的满意度水平。

从客户价值层次模型中可以看出，期望价值是由一些特定的、可衡量维度的偏好组成的。客户在进行价值评估时，根据现在的或过去的经验，明确自己期望的价值。期望价值指导客户形成对特定使用情形下产品效能的感知，即评价在这些属性上的使用经历、属性效能和结果。实现价值可能会直接形成一个总体满意度，影响总体满意水平。

（三）客户价值与竞争优势

根据客户价值的定义和内涵，如果客户从某种服务中获得的收益大于所支付的成本，则认为该服务是能够为客户创造价值的。如果某个服务商为客户创造的价值远远高于竞争对手为客户所创造的价值，就可以赢得大量客户，从而为自己营造超强的竞争优势。

产生客户价值的来源很多，如个性化服务等，而客户价值所带来的企业绩效却主要表现在客户满意和销售增长上。德易和温斯利的观点指出："为客户创造并传递超凡的价值是实现卓越绩效的基础。"高质量的服务以及不断创新的开发技能，无疑可以推动客户满意度不断升级，促进客户对物流企业的忠诚，有效地实现客户挽留，减少客户流失。

超凡的客户价值可以为物流企业带来比竞争对手更快的销售增长，因此，相对的销售增长可以用于评价物流企业的客户价值的创造水平。如果物流企业创造的客户价值高于竞争对手，则销售增长的速度必然会快于竞争对手；反之则慢于竞争对手。因此，客户价值逐渐成为理论界和企业界关注的焦点，基于客户价值的竞争优势也逐渐成为竞争利器。

（四）客户价值与客户忠诚

价值是客户选择与客户忠诚度的晴雨表。打算购买某种服务的客户找出他们可能会考虑购买的所有品牌，建立起一个可供选择的集合，客户会购买其感觉提供的价值最多的服务。这样进行的价值评估和购买后对所获价值的评价，可能是非常主观的，甚至完全处于潜意识中。客户可能不会去考虑服务供给中的每一个因素，只在心里计算谁能提供最高的价值或者自己是否已经获得了价值，甚至可能并不使用价值这个术语，而仅仅是对购买这种或者那种服务作出选择。但是，一旦客户在交易活动中面临无法避免的选择——是否进行购买或者是否继续与一个服务商往来的时候，其显然是在进行价值的估量，这会成为一种判断指令——在高度的判断环境下这个术语非常合适。客户可能会将预期的收益与当前以及预期成本相比较，从而得出结论："我们没有从那里获得价值，不会再去了。"必须由客户来判定商家是否创造出了或者增加了价值，而客户会从很多的角度定义价值。如一些人将价值视作尽可能低的价格。但 Mercer Management 公司估计只有大约 30%的客户对价格敏感，剩下的 70%对价值的认识更为清醒，他们关心的不只是价格。虽然这个百分比仅是一个大致的估计，而且对类似于价格敏感这样不稳定的估算是很主观的，也很容易随着产品的种类和环境而改变，但这个主要结论仍然很重要。虽然百分比并不精确，但确实有很大一部分客户并不很在意价格。他们渴望的是价值，并且用自己的方式定义它。付出与获取将价值简单地定义为客户通过他们的付出所获取的东西，就是将许多不同类型的收益和成本组合在一起。付出与获取的概念不仅包括基本的货币和核心服务，在与公司进行交易时，客户付出的成本可能还包括货币、时间、精力或努力以及心理成本。除了这些，克里斯托弗·洛夫洛克（Christopher Lovelock）还增加了感官成本——容忍噪声、拥挤、不舒适的座椅，或者互动的物理环境中其他不好的因素。货币和时间的成本容易估算，但精力、感官和心理的成本对公司来说并不明显，只能由客户无意识地作出计算。这些都是主观概念，而且客户通常并不有意识地计算这些成本。然而，他们的确时常作出判断，认为他们在与一些企业的交易或者关系中付出时间和精力是不值得的，他们说"我们没有获得价值"。

很多企业都试图增加价值，但是如果客户没有感受到其正在获得价值，这家公司的努力就无法得到客户满意度增加的回报。同样，就像我们所观察到的那样，客户对不同的事物的估价会随着环境不同而改变。我们无法对价值作出一般性的概括并希望它能够适用于所有的客户。因为每一名客户都有着各自的背景、价值体系和对与企业互动的不同期望，每个人对价值和价值增加的原因看法也不同。

（五）客户价值实现的前提

客户价值只是客户的一种感受和体验，是不可准确计算的。强化客户感知的关键是要强化有形证据在客户服务中的作用。要实现物流企业的客户价值，必须满足下面几个前提。

1. 客户成功

在为客户提供服务的过程中，主动考虑为客户的发展提供不断增值的服务，把客户的问题和困难当作自己的问题和困难，为他们提供相应的管理咨询、方案设计、战略合作等，使客户明白本企业是其成功的重要伙伴。对重要客户、大客户，企业要用成功原则替代满意原则，不仅要让客户满意其服务，而且要协助客户成功。

2. 客户满意

客户可以选择继续作为物流企业的忠诚客户，也可以选择离开企业，特别是当市场竞争异常激烈时，客户的自主权更大。客户选择留在企业的一个前提是满意企业提供的服务，物流企业要留住客户的心，首先要让客户满意。

3. 扩大客户选择的自由

物流企业一定要明白，充分地把客户选择的自由留给客户，对提高客户满意度有重要意义。

4. 建立长期关系客户

与客户建立长期关系是物流企业留住客户的一个捷径。物流企业在为大客户提供服务的过程中，要注重与客户建立长期关系，这种关系更多的是一种战略合作关系，包括消费信用、危机支持、协助成功、多领域合作等。

5. 提供个性化服务

物流企业提供的服务只有与客户希望的相吻合，才能够满足客户预期愿望。因此，物流企业应当尽量为客户提供个性化服务。越是个性化服务，越能满足客户的需要。当然，个性化不能抹杀服务本身应有的功能。当前，个性化服务日益受到客户的推崇，通过客户参与设计，按照客户要求实行客户化定制渐成潮流，可以肯定，客户化定制将成为提高客户服务价值的主要手段。

五、物流企业客户的分类

物流企业不可能挨家挨户地进行信息的调查，也不能只了解某些特定类型客户的大致情况。物流企业所需要的是客户的详细资料，如客户的名称、地址、偏好、消费额、售后意见等。物流企业的周围随时随处都有客户信息，关键是怎样去发掘。除了客户购买所留下的信息，物流企业还应主动向客户了解、寻求相关信息，只有这样，才能够对客户进行有效而准确的分类。

从客户价值的方面来看，不同的客户能够为物流企业提供的价值是不同的，很多物流企业已意识到这一问题，不再简单地追求客户数量，而是更多地寻求客户的“质量”。要知道哪些客户最容易流失、哪些是企业最有价值的客户、哪些是企业的忠诚客户、哪些是企业的潜在客户、哪些客户的成长性最好等，物流企业必须对自己的客户进行分类。

物流企业的资源和能力都是有限的，如何对不同的客户进行有限资源的优化应用是每个物流企业都必须考虑的。要想赢得、扩大和保持高价值的客户群，吸引和培养潜力较大的客户群，物流企业只有在客户分类的基础上进行有针对性的营销。

（一）根据客户与物流企业之间距离的远近、关系的疏密进行分类

根据客户与物流企业之间距离的远与近、关系的疏与密，可以将客户划分为非客户、潜在客户、目标客户、现实客户和流失客户。

1. 非客户

非客户是指那些与物流企业的服务无关或对物流企业有敌意、不可能购买企业的服务

的人群。

2. 潜在客户

潜在客户是指对物流企业的服务有需求和欲望，并有购买动机和购买能力，但还没有产生购买行为的人群。

3. 目标客户

目标客户是物流企业经过挑选后确定的力图开发为现实客户的人群。

潜在客户与目标客户的区别在于：潜在客户是指主动“瞄上”物流企业、有可能购买但还没有购买行动的客户；目标客户则是物流企业主动“瞄上”、尚未有购买行动的客户。当然，客户与物流企业可以同时相互欣赏，也就是说，潜在客户和目标客户是可以完全重叠或者部分重叠的。

4. 现实客户

现实客户是指物流企业的服务的现实购买者，可分为初次购买客户、重复购买客户和忠诚客户三类。

（1）初次购买客户（新客户）是对物流企业的服务进行第一次尝试性购买的客户。

（2）重复购买客户是对物流企业的服务进行了第二次及第二次以上购买的客户。

（3）忠诚客户是对物流企业的服务连续不断地、指向性地重复购买的客户。

5. 流失客户

流失客户是指曾经是物流企业的客户，但由于种种原因，现在不再购买物流企业的服务的客户。

以上五类客户之间是流动的，可以相互转化。举例来说，假如潜在客户或目标客户采取购买行为，则变成物流企业的初次购买客户；初次购买客户经常购买同一物流企业的服务，就发展成为物流企业的重复购买客户，甚至成为忠诚客户。但是，现实中的初次购买客户、重复购买客户、忠诚客户也会因其他物流企业的更有诱惑的条件或对物流企业不满而成为流失客户；而流失客户如果被成功挽回，就可以成为重复购买客户或者忠诚客户，如果无法挽回，他们就将永远流失，成为物流企业的“非客户”。客户流转的模式如图 1-4 所示。

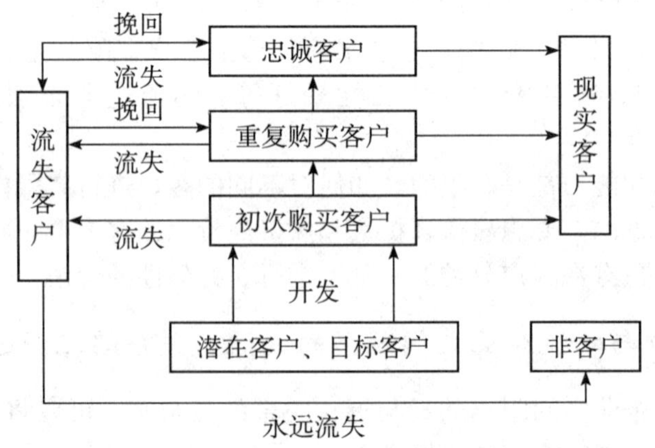

图 1-4　客户流转的模式

（二）根据客户与物流企业的关系进行分类

物流企业服务的众多购买者，其购买的目的并不相同，因此与物流企业的关系也不相同。物流企业应充分认识到自己客户的特点，从而对不同的客户采取不同的策略，更大限度地实现资源最优化和有效的管理运营。根据客户和物流企业的关系，可以把客户分为如下几种类型。

1. 内部客户

内部客户指物流企业内部的个人或业务部门，这类客户往往容易被忽略。

2. 一般客户

这里的“客户”更确切地说应当是零售消费者，主要购买物流企业的服务。这类客户是物流企业最为关注，花费精力最多，却往往出力不讨好。他们一般是个人或家庭。

3. 企业客户

这些客户购买物流企业的服务的目的并非用于自身消费，而是将之附加到自己的产品或服务上，再销售给其他客户。

4. 渠道分销商和代销商

这类客户一般是该服务在一个地区的代表或代理。

（三）根据物流企业服务的角度进行分类

从物流企业服务的角度来进行客户分类，目的是更好地运营，找到最有价值的客户，更好地将有限的资源优化利用。一般分为以下三种类型：

（1）要求个性化服务的客户；

（2）要求服务性价比高、售后服务完善的客户；

（3）要求良好的企业关怀，信息交换迅速、通畅，有光明的企业前景的客户。

可以看到，不同的客户对物流企业服务的要求是不同的，要求物流企业有针对性地开展业务，争取重要的客户，锁定最有价值的客户群。

（四）根据物流企业对客户的不同反应进行分类

1. 屈从型

物流企业应当屈从于最有价值的客户。物流企业的服务应当向这些客户倾斜，尽可能地争取他们，锁定他们，赢得他们的忠诚，从而获得稳定而高额的利润。比如对 VIP 客户，要了解甚至预测并满足他们的需求，培养他们的兴趣，赢得他们的信任，努力与他们建立一种稳定的信任关系。

2. 关怀型

物流企业应当跟踪调查这类客户的需求，随时与他们保持联系，在物流企业的服务中反映这类客户的需求，以赢得他们的满意，并进一步强化与他们的关系，获取他们的忠诚。

3. 适应型

物流企业不需要满足这类客户的特殊要求，只需使自身的服务适应客户的需要，能够引起其兴趣即可，也就是说物流企业应以自身为主。

4. 冷漠型

物流企业不必为这类客户浪费资源，对其可采取冷漠的态度。这些客户根本不可能为物流企业带来利润，甚至会让物流企业亏本，属于被淘汰的范围。

（五）根据客户的当前价值和未来的潜在价值进行分类

根据波士顿矩阵，可以将物流企业的客户分为四类，如图1－5所示。

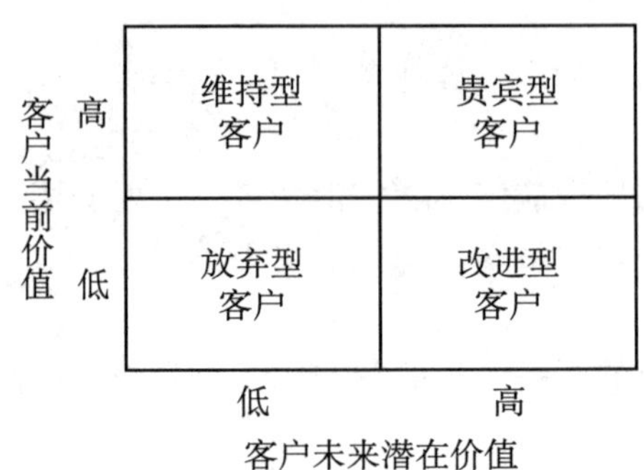

图1－5　选择客户的“波士顿矩阵”

1. 贵宾型客户

贵宾型客户即潜在价值和当前价值都很高的客户，是物流企业应该首选并特别对待的客户。

2. 维持型客户

维持型客户即当前价值高而潜在价值低的客户，是物流企业应该渐渐放弃的客户。

3. 放弃型客户

放弃型客户即当前价值和潜在价值都很低的客户，是物流企业应该马上放弃的客户。

4. 改进型客户

改进型客户即当前价值低而潜在价值高的客户，是物流企业应该选择并重点培养的客户。放弃不赢利的客户可以使物流企业用更多的精力和财力来维持和开发赢利的客户，只有赢利的客户才是企业的“上帝”。

（六）根据二八法则进行分类

1. 普通客户

占客户总数80％的客户为物流企业创造的利润仅占企业总利润的20％，这类客户称普通客户。

2. 关键客户

占客户总数20％的客户为物流企业创造的利润却占企业总利润的80％，这类客户是物流企业的关键客户（包括重要客户和主要客户）。

（七）根据不同客户所认知的价值的侧重点不同进行分类

1. 内在价值型客户

这类客户的特点是对服务已有很深的了解，知道服务是否或能在多大程度上满足他们的需求。他们只希望自己购买时所花费的费用合理，采购过程快捷便利，他们对各种建议和量身定做不感兴趣，低价格和便利的采购程序可以给他们带来最大价值和满足感。

2. 外在价值型客户

除了服务本身的价值外，这类客户更看重物流企业为他们提供的建议和个性化定制方案的价值。他们认为，销售人员的帮助和建议会为他们创造额外价值，并且也愿意为此支付额外费用。这类客户一般局限于大中客户身上，因为若客户规模太小，创造的价值不足以弥补双方所付出的时间、金钱和精力。

3. 战略价值型客户

这类客户只可能限定在物流企业的少数几个最大的客户内。他们要求物流企业能为他们投入大量时间，并建立起战略伙伴联盟关系，这种联盟关系的长远利益是可观的。

六、客户分类管理

物流企业要正确实施客户关系管理，就必须根据需要对其拥有的客户进行合理分类，建立一对一的客户服务体系，实行差异化客户管理。客户分类是客户关系管理的基础，也是实施客户关系管理的关键一环。物流企业要从战略的角度出发做好客户分类，良好而准确的客户分类是客户关系管理成功的基石。

客户分类管理的内容如下。

（一）细分客户群的标准

细分客户群的标准有：客户的消费方式、客户消费量与消费频率、客户的地理位置、客户的职业、客户个性化资料、客户的关系网等。

（二）进一步分析不同客户群的信息

即分析不同客户群的消费特点、购买行为、对服务的期望值、所需要的服务价格组合等，并在此基础上预测消费走势。

（三）不同客户群的管理

即确定不同客户群对企业的价值、重要程度，针对不同客户群的消费行为、期望值等制定不同的销售服务策略，提供个性化服务。

（四）资源配置系统

资源配置系统是物流企业对客户分类管理的延续。资源配置系统至少应包括如下内容：企业资源统计、调配系统，企业资源配置渠道，企业资源配置中的管理等。对于不同价值、不同消费需要的客户群，物流企业应为他们配置不同的市场、销售、服务和管理资源。

拓展任务

1. 在理解客户的概念时应注意哪些问题?
2. 客户分为哪几类?

任务二　客户关系

案例导入

上海大众作为消费者所熟知的企业，CRM已经逐渐成为其核心战略之一，并在发展过程中逐步形成了自身特色。上海大众的CRM已经超越了单纯的客户关系管理软件本身，而成为一项重要的商业策略，在上海大众由产品导向向用户导向转变的过程中扮演着重要的角色。在此战略下，上海大众将品牌形象与客户体验相连接，通过跟踪客户行为和交易记录，分析客户行为与市场活动的相关性，进而指导和调整品牌宣传与品牌形象的塑造。同时，通过品牌传播和活动策划，引导客户的品牌体验，最终形成良性的品牌客户关系，实现闭环行销。事实上，上海大众的CRM从本质上讲是将企业的创新能力与消费者所珍视的价值联系起来，为消费者提供价值创新，使其获得最大程度的满足，从而使企业永远活跃在“与客户共鸣”的浪尖上。这样，就更为有效地实现了与客户的深层次沟通。在CRM体系的运作模式方面，上海大众采取了以企业为主导的业务模式，根据自身发展及市场需求自主开发。企业对整套CRM体系拥有自主知识产权和综合开发能力，并可根据市场及业务发展情况灵活地调整，具备适应越来越多样化、复杂化市场需求的扩展性。在实施方面，上海大众的CRM发展由最初的小规模试点、局部实验，到全面推行，将先进的CRM理念与务实严谨的大众态度相结合，在实践中不断调整和优化，使CRM项目不断得到完善。目前，上海大众CRM体系由客户信息管理和客户关系管理两大环节构成，并形成了一个良性的螺旋形上升的闭环行销模式。

知识探究

客户关系的历史可追溯到企业试图扩大其售后服务的范围。在早期，企业向客户提供售后服务是作为其特定产品的一种支持，认为有了售后服务产品才能增值。事实证明，那些在售后服务方面做得好的公司其市场销售确实处于上升趋势。反之，那些不注重售后服务的公司其市场销售则处于不利地位。

最初，客户关系的发展领域是服务业。由于服务的无形特点，注重客户关系可以明显地增强服务的效果，为企业带来更多的利益，于是客户关系不断地向实物产品服务的销售领域扩展。当前客户关系可以说已经贯穿市场营销的所有环节，即从购买前到购买后客户体验的全过程之中。

一、客户关系的概念

从广义上看，关系是指事物与事物之间以及事物内部要素之间的内在必然联系。但是，在社会学中“关系”有其特定的含义，关系是随着人类社会的诞生而出现，并且随着社会的发展而发展的。也就是说，关系是人类所特有的，也是必然的，是随着人类的活动而产生的客观存在。客户关系作为成千上万的关系中的一种，具有其自身的特性。它是企业关系营销活动研究的出发点和最终归宿，对企业的生存发展起着举足轻重的作用。企业若想构建全面的客户关系营销策略体系，就必须对客户关系的本质及表现类型有深刻的了解和认识。

从传统的角度来看，企业与客户之间的关系主要是一种销售关系、买卖关系。在这种市场供求关系中，存在着大量的信息交流和情感沟通关系。充分的信息传递、融洽的情感沟通，是市场中商品交换关系建立的基础。从这点看客户关系还有以下的含义：

首先，客户关系体现的是一种双方的认同关系，双方都有对方需要的且被对方认为有价值的东西。企业提供给客户的首先是解决客户问题的承诺，而客户认同这种承诺，愿付出一定的代价，取得企业所承诺的解决问题的措施。这种认同关系开始于客户的购买阶段，一直延续到客户购买后的使用，最后客户用自己的消费感受来衡量。这种认同关系的内容包括对产品质量、价格、交货、风险、文化等方面的认同。

其次，客户关系体现的是双方的互利关系。就客户而言，交换使各自的消费价值得到满足；就企业而言，双方的交换使企业产品或服务的价值得以实现，决定着企业的生存和发展。

再次，客户关系体现的是双方的沟通关系。对客户来说，需要与企业沟通以便了解自己需要的产品信息；同样，企业要通过沟通识别适合企业发展的客户信息，据以开发企业能满足的客户消费价值，并把有关信息传达给对方。

最后，客户关系体现的是双方情感上的联系。从企业经营的角度来说，企业追求长期稳定的利润，以维持企业的生存和发展，而一次交易的成功并不能保证企业持续地获得利润。同时，在交易过程中交换的主体虽然是企业和客户，但实际上，真实的交易是离不开人的，人与人在商品交换过程中的经济交往，必然含有一定情感上的交流与沟通，进而演化为客户与企业之间的情感。因此，企业要想获得持续的发展，必须与客户进行情感上的沟通。

由此可见，企业与客户的关系本质上体现的是双方认同的、双向互利的情感沟通关系，而且这种关系是稳定的、长期的，而不仅仅是交易关系。

综上所述，客户关系可由以下几句话来解释：客户关系是参与双方交流和沟通的过程；这一过程的内容表现为一系列的经济交换活动；客户关系能够实现价值的增值，是一个双赢乃至多赢的过程；客户关系以企业和客户的彼此信任和相互尊重为前提和基础。

二、客户关系的影响因素

有了对客户关系的正确理解，物流企业若想与客户建立长期稳定的客户关系，还必须了解影响客户关系的因素，针对这些因素采取相应的措施来改善自身的不足，进而改善与客户的关系。物流企业与客户建立关系的重要原则为：先给予但不期待立即获得回馈。当公司急着从与客户关系中获取潜在回报时，就偏离了与客户建立关系的初衷，客户满意率会受到很大的影响，因此必须像对待自己的问题那样对待客户的问题。

良好的客户关系不应仅仅是重复的购买和客户保持，更准确地讲，意味着对某些事情或者某些人的忠诚、情感或好感。影响客户关系的因素主要有以下几个。

（一）品牌效应

在购买过程中，价格、服务的品牌非常重要，它们会强烈地影响客户对服务商的期望和认识。一个经过长期努力建立起来的有力的品牌能增强客户的忠诚感，加强与客户的联系，否则，关系必须在每一次交易中从头开始。

（二）服务的质量

符合客户期望的高质量的服务是建立客户关系的基础。在竞争激烈的市场中，物流企业必须把核心服务做好，否则，就无法与客户建立关系。

（三）客户的经验

客户与物流企业交往的经验深刻地影响他们对该物流企业的印象。好的经验可以提升客户对物流企业的忠诚度、满意度、信任度，差的经验则正好相反。

（四）物流企业的形象

物流企业的形象是由物流企业的知名度和美誉度组成的，知名度、美誉度高的物流企业易于取得客户的信任。同样的条件下，良好的企业形象可以极大地减少经营的阻力。

（五）口碑效应

客户和其他人交流经验时，会表示服务是否令人满意，此时口碑效应就开始发挥作用。如果企业能使客户感到满意，或者在客户表示不满时及时采取补救措施，客户就会成为企业的有力支持者，并向朋友推荐企业。如果客户对企业目前的服务不满，则这种口碑就起反作用。

（六）竞争者的策略

竞争者的策略是指竞争者为了获取客户所采取的措施或手段，如果竞争者给出比企业更好的优惠条件，企业的客户就有可能转向竞争者。

了解影响客户关系的因素，从中找出发现、保持客户现有价值的方法，可减少客户流失，保留老客户。

杰姆·G.巴诺斯（James G. Barnes）在参考有关人际关系的社会心理学文献及对企业客户的实际调研基础上，得出建立和保持客户关系的各项要素，如表1-1所示。

表1-1　　建立和保持客户关系的要素

1. 道德规范	10. 信任感
2. 忠诚	11. 对历史的了解
3. 责任感	12. 双向的交流
4. 可靠性	13. 温暖，亲密
5. 友爱	14. 对需求的关心
6. 理解，同情	15. 知识
7. 共同的目标	16. 回应
8. 互惠	17. 守诺
9. 尊敬	18. 社会支持

三、客户关系的分类

区分客户关系是建立客户关系的起点。客户关系主要有以下五种。

（一）被动型

销售人员把服务销售出去之后提示客户在遇到问题时和公司联系。

（二）基本型

销售人员把服务销售出去就不再与客户接触。

（三）负责型

销售人员在服务销售完成后主动和客户联系，检查服务是否符合客户的期望。销售人员同时向客户寻求有关服务改进的各种建议，以及了解服务有何缺陷与不足。

（四）能动型

物流企业不断与客户联系，提供有关改进服务的建议或关于有用的新服务的信息。

（五）伙伴型

物流企业与客户共同努力，寻求客户合理开支的方法，或者帮助客户更好地进行购买。

一般来说，可以根据客户贡献的利润和客户的订单量两个变量来识别这五种客户关系，如表1-2所示。

表 1-2 用两个变量识别客户关系

客户贡献的利润 客户的订单量	高边际利润	中等边际利润	低边际利润
订单量大的客户	负责型	被动型	基本型
订单量适量的客户	能动型	负责型	被动型
订单量小的客户	伙伴型	能动型	负责型

雷·迈肯兹（Ray Mickenzie）以企业对客户的了解程度作为纵轴，以企业与客户的交流程度作为横轴，将企业与客户的关系划分为四种类型（如图 1-6 所示）。这种分类能够更为准确地辨识客户群体，特别是注重分析客户对关系的态度，防止企业过分追求关系的建立而忽视客户的感觉。

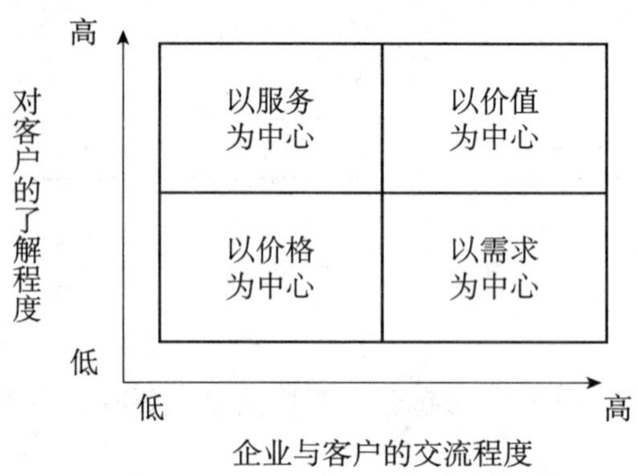

图 1-6 雷·迈肯兹的客户关系类型

对雷·迈肯兹的客户关系类型作简单分析如下：

（1）以价格为中心的客户关系：企业对客户的了解很少，同时企业与客户很少进行沟通交流。

（2）以服务为中心的客户关系：企业对客户有较深的了解，但与特定客户没有或极少进行沟通交流。

（3）以需求为中心的客户关系：企业对所有的客户没有统一的了解，但是与特定的客户就需求、服务等问题有大量深入的沟通交流。

（4）以价值为中心的客户关系：企业深刻地了解个体客户，并与其开展大量深入的沟通交流。这种关系根植于那些与客户合作创造所需服务的企业，将客户视为企业的合作伙伴，通过双方合作共同创造价值。

一般来说，物流企业与客户在总体上可能存在上面所讲的四种类型的关系，但绝大多数物流企业并不是只限制在某一种特定的客户关系类型之中。物流企业与其客户之间的关系是复杂多变的，并且划分这四种类型关系的界限也是模糊的、不确定的。物流企业与其客户可能存在多种类型的关系，但物流企业需要考虑哪种关系类型最适合本企业的实际情况，以此作为物流企业制定客户关系营销策略的基础。

四、客户关系评价

维纳提出了一个评价方法来衡量客户关系的许多方面，如客户和服务提供商是如何联系交往的、用于广告宣传的媒体、客户开销的比例及相关评价、反复购买的次数、购买的组合、客户的满意程度、关系的延续时间，以及通过媒体的相互交流情况。但这个方法并不能包含全部，对客户关系的牢固程度的衡量还应该包括一些更模糊的关于情感的部分，也是最重要的部分。

Mercer管理咨询公司的戈登·怀恩说，对一个客户关系的评价至少应该包含以下部分：

（1）客户是谁。

（2）如何让客户知道企业提供该项服务。

（3）客户关系包括哪些内容。

（4）客户关系延续了多长时间。

这些都是有趣的问题，但是没有抓住问题的核心，也没有理解公司和客户的真诚关系的本质。

要衡量客户关系，就要先衡量信任感、可靠性、反应度、交流程度、尊重、感情、理解和其他有关的特点等指标。

拓展任务

1. 企业与客户之间常见的关系有哪几种？
2. 客户关系的影响因素可归纳为哪几个？

任务三　客户关系管理

案例导入

美国联邦快递公司（FedEx）是全球一流的快递公司，成立至今，不断创造历史，突破自己。如今，联邦快递的业务遍及全球。面对如此巨大的基业，联邦快递实施CRM，为遍及全球的顾客和企业提供涵盖运输、电子商务和商业运作等一系列环节的全面服务。作为一个久负盛名的企业品牌，联邦快递公司通过相互竞争和协调管理的运营模式，提供了一套综合的商务应用解决方案，为全球超过220个国家及地区提供快捷、可靠的快递服务，在客户关系管理理念、技术系统与策略方面成为行业实施CRM的典范。

知识探究

一、客户关系管理的概念

客户关系管理（customer relationship management，CRM）是一种以客户为中心的经营策略，它以信息技术为手段，通过对相关业务流程的重新设计及相关工作流程的重新组合，以完整的客户服务和深入的客户分析来满足客户的个性化的需求，提高客户满意度和忠诚度，从而保证客户终生价值和企业利润增长“双赢”策略的实现。

二、客户关系管理的目标、功能、特征

（一）客户关系管理的目标

客户关系管理以客户为中心，不仅是一种技术，更是一种管理理念。客户关系管理的目标是实现客户价值的最大化和企业收益的最大化之间的平衡，即客户与企业的“双赢”。事实上，客户价值最大化与企业收益最大化是一对矛盾统一体。坚持以客户为中心、为客户创造价值是任何客户关系管理战略必须具备的理论基石。而企业以赢利为中心，追求利润最大化是企业存在和发展的宗旨。客户价值最大化意味着穷尽企业的资源和能力去全面满足所有客户需求，如此势必增大企业的成本，挫伤企业的赢利能力。不过，为客户创造的价值越多，越可能增强客户的满意度，提高客户忠诚度，从而实现客户挽留，有利于增加客户为企业创造的价值，使企业收益最大化。

1. 客户关系管理的基本目标

通过客户研究，确定企业的管理机制和管理内容；解决如何提供更快速和更好的服务，以吸引和开发客户；研究客户和市场，使企业的目标市场更明确；通过对业务流程的全面管理，降低企业的总成本；通过采用信息技术，可以提高业务处理流程的自动化程度，实现企业范围内的信息共享，提高企业员工的工作能力，并有效地减少培训需求，使企业内部的管理更高效；通过新的业务模式（电话、网络等）扩大企业经营活动范围，及时把握新的市场机会，以便占领更多的市场份额；客户可以选择自己喜欢的方式和企业进行交流，在方便地获取信息的同时，得到更好的服务。客户的满意度提高了，就可以帮助企业维系客户关系，保留更多的老客户，并更好地吸引新客户。

2. 客户关系管理的根本目标

改造企业的业务流程，使之真正地做到以客户为中心；通过对业务流程的重新设计，有效地管理客户关系，降低企业成本；使企业的其他信息系统更为顺畅，保证企业在最短的时间里将正确的产品和服务传递给客户；获取分析客户、供应商、员工及合作伙伴的相关信息，通过共享客户关系管理系统来帮助企业更好地进行决策；整合客户信息资源，达到资源共享，为客户提供快速、周到、优质的服务，吸引和保持更多的客户。

3. 客户关系管理的终极目标

将广大客户作为最重要的企业资源，通过完善的客户服务和深入的客户分析来满足客

户的需求，从而创造客户忠诚并保证充分实现客户的终生价值。

（二）客户关系管理的功能

客户关系管理的功能通过以下三个方面来实现。

1. 整合社会资源

客户关系管理可以帮助企业认识到当今企业的竞争本质是围绕客户满意度的竞争，客户关系管理理念为企业提供了一种“以客户的需求为中心”的经营哲学和价值观，引导企业充分重视客户资源，并努力为客户创造价值。只有在提供从市场营销到客户服务与关怀的全程业务管理的同时，对客户购买行为和价值取向进行深入分析，才能为企业挖掘更多的销售机会，并对未来产品发展方向提供科学、量化的指导依据，从而使企业在快速变化的市场环境中保持持续发展能力。

2. 提高客户满意度

通过客户关系管理技术系统对客户需求信息、营销过程信息、交易信息和客户服务信息进行分析，企业可以及时、准确地了解和把握客户状况、企业营销执行状况；通过客户关系管理技术系统改善企业与客户沟通以及服务客户的方式，企业在降低营销成本的同时，可有效地获得并保持客户。客户关系管理战略还简化、优化了各项业务流程，使企业和员工在销售、服务、市场营销活动中，把注意力集中到改善客户关系、提升绩效的重要方面与核心业务上，提高了员工对客户的快速反应和反馈能力，同时为客户带来便利，使其能够根据需求迅速获得个性化的产品、方案和服务。

3. 促进市场增值

客户关系管理战略整合了企业的全部业务环节和资源体系，并对资源有效地进行结构化分配和重组，使企业能够在整个客户关系生命周期内及时了解和使用有关的资源及知识。竞争不仅使企业获得客户的难度越来越大，而且营销成本越来越高。留给企业的难题不是营销费用预算应该投入多少，而是如何评判什么投入是不合理的，营销部门往往以销售的重要性来强调投入的必要性，而企业又无法评价和衡量。客户关系管理技术系统可以提供从客户到营销行为的投入产出效益评估的方法和数据，从而为企业合理使用营销预算、提高投入产出效益、降低营销成本提供有效的支持和帮助。

（三）客户关系管理的基本特征

客户关系管理是通过开展系统化的理论研究，优化企业组织体系和业务流程，实施于企业的市场营销、销售、服务与技术支持等与客户相关的领域，旨在改善企业与客户之间关系的新型管理机制；是企业为了通过改进对客户的服务水平、提高客户的满意度与忠诚度而树立的一种以客户为中心的经营理念；也是企业通过技术投资，建立能搜集、跟踪和分析客户信息的系统所创造并使用的先进的信息技术、软硬件和优化的管理方法、解决方案的总和。客户关系管理具有以下特征。

1. 客户关系管理是一种管理理念

客户关系管理的宗旨是通过与客户的个性化交流来掌握其个性需求，并在此基础上为其提供个性化的产品和服务，提高客户的满意度和忠诚度，不断增加企业给客户的交付价值，最终实现企业和客户的双赢。客户关系管理的核心思想是将企业的客户视为最重要的企业资产，通过完善的客户服务和深入的客户分析来满足客户的个性化需求，提高客户满意度和忠诚度，进而保证客户终生价值和企业利润增长的实现。通过满足客户的特殊需求，特别是满足最有价值客户的特殊需求，来建立和保持长期稳定的客户关系。客户同企业之间的每一次交易都使这种关系更加稳固，从而使企业在同客户的长期交往中获得更多的利润。

2. 客户关系管理实行“一对一营销”

“一对一营销”就是企业根据客户的特殊需求来相应调整自己的经营行为。“一对一营销”要求企业与每一个客户建立一种学习型关系。所谓学习型关系，是指企业与客户的每一次交往都使企业对该客户有更多的了解，客户不断地提出需求，而企业按此需求不断地改善产品和服务，从而使企业不断提高令该客户满意的能力。

3. 客户关系管理是一种管理机制

客户关系管理也是一种旨在改善企业与客户之间关系的新型管理机制，可以应用于企业的市场营销、销售、服务与技术支持等与客户相关的领域。客户关系管理通过向企业的销售、市场和客户服务的专业人员提供全面的、个性化的客户资料，强化其跟踪服务、信息分析的能力，帮助他们与客户建立和维护一种亲密信任的关系，为客户提供更快捷和周到的优质服务，提高客户满意度和忠诚度。客户关系管理在提高服务质量的同时，还通过信息共享和优化商业流程来有效地降低企业经营成本。

成功的客户关系管理帮助企业建立一套运作模式，随时发现和捕捉客户的异常行为，并及时启动适当的营销活动流程。这些营销活动流程可以千变万化，但是基本指导思想是不变的，即利用各种计算，在提高服务质量和节约成本之间取得一个客户满意的平衡，如把低利润的业务导向低成本的流程，把高利润的业务导向高服务质量的流程。

客户关系管理是一种旨在改善企业与客户之间关系的新型管理机制，它实施于企业的市场营销与技术支持等与客户有关的领域。利用客户关系管理系统，企业能搜集、追踪和分析每一个客户的信息，从而知道是哪一个客户，具体需要什么。客户关系管理还能观察和分析客户行为对企业收益的影响，使企业与客户的关系及企业赢利得到最优化。

4. 客户关系管理是一种管理软件和技术

客户关系管理作为管理软件和技术，主要包括三个内容：

（1）以客户为中心的管理技术。整个客户关系管理系统强调以客户为企业行为方向，企业管理需要以客户需要为基础，而不是以企业自身的某些要求为基础。客户关系管理是一种把企业与客户一体化的管理思想付诸实施的管理技术。

（2）智能化的客户数据库。要实行客户为中心的企业管理技术，必须有现代化的技术，而智能化的数据库是所有其他技术的基础。

（3）信息和知识的分析技术。只有经过分析和处理的信息，才是企业需要的知识。为此，企业必须对智能化的客户数据库进行有效开发和利用，而其核心技术就是信息和知识的分析处理技术。客户关系管理作为一个解决方案，集成了 Internet 和电子商务、多媒体技术、数据仓库、数据挖掘、专家系统和人工智能等当今最先进的信息技术。客户关系管理作为一个应用软件，体现了许多市场营销的管理思想，包括客户关怀和客户满意等内容。

5. 客户关系管理是信息技术、软硬件系统集成的管理办法和应用解决方案的总和

客户关系管理既是帮助企业组织管理客户关系的方法和手段，又是一系列实现销售、营销、客户服务流程自动化的软件乃至硬件系统。它将最佳的商业实践与数据挖掘、工作流、呼叫中心、企业应用集成等信息技术紧密结合在一起，为企业的销售、客户服务和决策支持等领域提供了一个智能化的解决方案，使企业有一个基于电子商务的面向客户的系统，从而顺利地实现由传统企业模式到以电子商务为基础的现代企业模式的转化。

6. 客户关系管理的交流渠道高度集成

客户关系管理将多种与客户交流的渠道，如面对面、传真、信函以及 Web 访问协调为一体，通过客户喜好的渠道与之进行交流，实现客户与企业交流的无缝、连贯和高效。

客户关系管理的以上特征并不是彼此孤立的，而是相互支持、高度融合的一个整体，共同组成了客户关系管理的强大功能。客户关系管理的信息资源共享，解决方案的全部数据集中存储和管理，形成了统一的、可实时供企业任何部门和个人提取信息的客户信息库。这种集中式的客户信息管理保证了不同的业务部门和不同的应用软件功能模块之间的数据连贯性和一致性。

综上所述，客户关系管理是一种以信息技术为手段，对客户资源进行集中管理的经营策略，可从战略和战术两个角度来分析。

（1）从战略角度来看，客户关系管理将客户看成是一项重要的企业资源，通过完善的客户服务和深入的客户分析来提高客户的满意度和忠诚度，从而吸引和保留更多有价值的客户，最终提升企业利润。

（2）从战术角度来看，将最佳的商业实践与数据挖掘、数据仓库、网络技术等信息技术紧密结合在一起，为企业的销售、客户服务和决策支持等领域提供一个业务自动化的解决方案。

三、客户关系管理的意义

随着市场竞争的越演越烈，传统的物流企业管理系统越来越难以胜任动态的客户渠道和关系管理，Internet 下的客户关系管理系统给物流企业带来了经营管理方式上的重大变革，对物流企业的发展具有非常重要的意义。

客户关系管理是物流企业管理中的一个理念，同时也是为了实现这一理念的计算机支持系统。在客户关系管理理念下，通过计算机支持系统的预见性、和谐性、高效性，物流企业能够全面调节与客户的关系。从物流企业主体来说，客户关系管理能够从营销智能化、销售自动化、客户管理高效性这三个方面来提高物流企业的实力，为企业带来在同行业中的竞争优势，即客户关系管理的竞争壁垒优势；从客户角度来说，客户关系管理为客户节约采购成本，满足潜在需求，提供无微不至的服务。

客户关系管理对当今物流企业的竞争力发挥着巨大作用，这是它受到重视的主要原因。这种作用表现在以下几个方面。

（一）客户关系管理可以全面提高物流企业的运营效率

客户关系管理系统通过整合物流企业的全部业务环节和资源体系，使物流企业的运营效率大大提高。一套完整的客户关系管理系统在物流企业的资源配置体系中起到了承前启后的作用。向前，它可以向物流企业渠道的各个方向伸展，既可以综合传统的电话中心、客户机构，又可以结合企业门户网站、网络销售、网上客户服务等电子商务内容，构架动态的企业前端；向后，它能逐步渗透到人力资源等部门，整合 ERP、SCM 等系统。资源体系的整合，实现了企业范围的信息共享，使业务处理流程的自动化程度和员工的工作能力大大提高，使企业的运作更为顺畅，资源配置更为有效。

（二）客户关系管理可以降低物流企业经营风险

众所周知，市场扰动不断加剧是当今物流企业生存的外部环境。企业传统的“为服务找客户”、以服务为中心的经营理念承受极大的风险，服务开发一旦失败，企业面临的就是“灭顶之灾”。在这样的市场环境中，如何减缓市场扰动造成的冲击、降低经营风险，就成了物流企业必须面对的难题。转变思维观念，“为客户找服务”，积极发展与客户长期的互利关系，成为减少市场扰动影响、最大限度地降低经营风险的有效途径之一。

（三）客户关系管理可以优化物流企业的市场增值链

客户关系管理的应用使原本“各自为战”的企业各部门人员真正围绕市场需求协调合作，为满足客户需求这一中心要旨组成了强大的团队；客户关系管理也成为反映客户需求、市场分布及服务销售情况等信息的重要来源。

（四）客户关系管理可以提高物流企业赢利能力

客户关系管理对物流企业赢利能力有巨大影响，主要表现在：客户关系管理对客户份额的关注，能为物流企业带来更高的投入回报。客户关系管理强调物流企业客户在该行业的高价值客户总体中所占的份额，这个份额越高，物流企业的赢利能力就越强。客户关系管理对长期价值的重视，增强了物流企业长期的可持续发展能力。有研究表明，长期的客户关系与物流企业的长期赢利能力具有高度正相关关系。客户关系管理带来的忠诚客户，对物流企业有巨大的贡献。客户关系管理强调对客户的忠诚培养，而忠诚客户对物流企业的贡献已经受到关注。

（五）客户关系管理可以保留老客户并吸引新客户

一方面，通过对客户信息资源的整合，帮助企业捕捉、跟踪、利用所有的客户信息，在企业内部实现资源共享，使企业更好地管理销售、服务和客户资源，为客户提供快速周到的优质服务；另一方面，客户可以选择自己喜欢的方式同企业进行交流，方便地获取信息并得到更好的服务。客户满意度得到提高，就能帮助企业保留更多的老客户，并有效地吸引新客户。

（六）客户关系管理是物流企业的独特优势

客户关系管理不易为竞争者模仿，这就为物流企业营造了很好的市场壁垒，使其享受创新的垄断收益，对物流企业的竞争力影响重大。在信息技术的支持下，物流企业与客户之间的关系建立在充分沟通的基础之上，对客户而言，这种沟通独一无二，充满个人色彩，为物流企业满足个性化需求提供机遇。

（七）客户关系管理可以不断拓展市场空间

通过新的业务模式（电话、网络）扩展销售和服务体系，扩大物流企业经营活动范围，及时把握新的市场机会，占领更多的市场份额。

（八）客户关系管理增强物流企业的竞争力

有研究表明，在新经济环境下，相对于有形资产，无形资产对物流企业竞争力的贡献更大，而且其贡献份额呈上升趋势。客户资产作为物流企业的一项重要的无形资产，其重要性已经受到了广泛关注，成为物流企业的价值要素之一。客户关系管理战略，对物流企业在新经济时代有效地管理企业客户资产，具有重大的作用。

拓展任务

1. 客户关系管理的含义是什么？
2. 物流企业客户关系管理有何意义？

实训练习

基础练习

1. CRM 是指（　　）。

A. 客户关系管理　　B. 企业资源计划
C. 供应链管理　　D. 人力资源管理

2. 客户对供电公司所提供的电力服务的使用是基于以下哪种类型的忠诚？（　　）

A. 垄断忠诚　　B. 亲友忠诚
C. 惰性忠诚　　D. 信赖忠诚

3. 客户的利益忠诚来源不包括（　　）。

A. 价格刺激　　B. 促销政策
C. 产品推广时的优惠　　D. 方便

4. 在客户关系管理里，对于客户价值的分析与评价，常用所谓的“二八原理”，这个原理指的是（　　）。

A. VIP 客户与普通客户通常呈 20∶80 的比例分布
B. 企业利润的 80%或更高是来自 20%的客户，80%的客户给企业带来收益不到 20%
C. 企业的内部客户与外部客户的分布比例为 20∶80
D. 企业的利润的 80%是来自于 80%的客户，20%的客户给企业带来 20%的收益

5. 在客户关系管理里，客户的满意度是由下列(　　)因素决定的。

A. 客户的期望和感知　　B. 客户的抱怨和忠诚

C. 产品的质量和价格　　D. 产品的性能和价格

6. 客户的忠诚类型不包括（　　）。

A. 信赖忠诚　　B. 垄断忠诚

C. 潜在忠诚　　D. 历史忠诚

7. 在客户关系管理里，以下哪种情况不是客户忠诚的表现？（　　）

A. 对企业的品牌产生情感和依赖

B. 重复购买

C. 即便遇到对企业产品的不满意，也不会向企业投诉

D. 有向身边的朋友推荐企业的产品的意愿

答案： 1. A　2. A　3. D　4. B　5. A　6. D　7. C

拓展任务

联想公司的 CRM

当一个联想电脑的用户遇到机器故障，打售后电话求助时，接待人员可以马上从CRM系统中清楚地知道该客户的许多信息，如住址、电话、产品型号、购机日期、以前的服务记录等，而不用客户再进行烦琐的解释。一个营销人员要联络一个重要的企业客户前，他可以通过CRM系统了解这个客户的全部情况，包括该单位以前的购买情况、服务情况、资信状况、应用需求、谁是决策人、联想公司都有哪些部门的哪些人与他们联络过、发生过哪些问题、如何解决等诸多信息，其中有许多信息都是由联想公司的其他部门提供的，若不借助这个系统该营销人员是根本不可能了解到这么多信息的。如果此时他主动通知客户他们急需的某种产品已经到货，同时联想又有两款新产品可以更好地满足他们的应用需求，客户的反应会怎么样呢？

任务	请站在用户的角度对联想的服务进行评价并谈谈你对 CRM 的理解
完成时间	1 学时
任务目标及要求	熟练运用客户关系管理的相关内容进行探讨
研讨内容	客户关系管理的概念等
研讨成果	需依据所学知识得出相关结论，有理有据即可
讨论过程	分小组讨论
自我角色	组长、组员
评价	分别由其他小组及老师打分

物流企业客户关系管理的产生和应用现状

问题引入

成都佳盈物流有限公司（简称佳盈）成立于2000年，是一家以第三方物流业务和航空货运业务为主的专业物流公司。佳盈拥有大型营运车辆数十辆，在全国建设有26个物流中心，已经形成了覆盖全国16个主要城市（包括北京、上海、成都、重庆、哈尔滨、长春、沈阳、天津、济南、合肥、广州等）的庞大运营网络，力求通过一体化与网络化的物流运作，为用户提供高品质的航空运输、仓储、包装、配送、快递等单项物流服务及一体化物流运作。物流行业是一个以售后服务为核心竞争力的行业，佳盈与客户之间要形成一种长期的合作关系，需要对所服务的客户尤其是大客户作详细的售后服务记录及分析，特别是每次事故的处理案例，以改善售后服务水平，提高客户满意度。2012年佳盈投入使用CRM系统。目前，佳盈公司CRM系统使用情况良好，涵盖了企业资源管理、客户服务管理、销售自动化管理、数据分析与报表处理、系统设置五大子系统，其中员工管理、客户资料管理、销售漏斗管理是使用频率最高的几个模块，体现了先进的客户管理手段，为管理层提供了全面的销售分析数据。

问题：

1. 说说CRM的起源与发展。
2. 如何提高物流企业的客户满意度？

任务导读

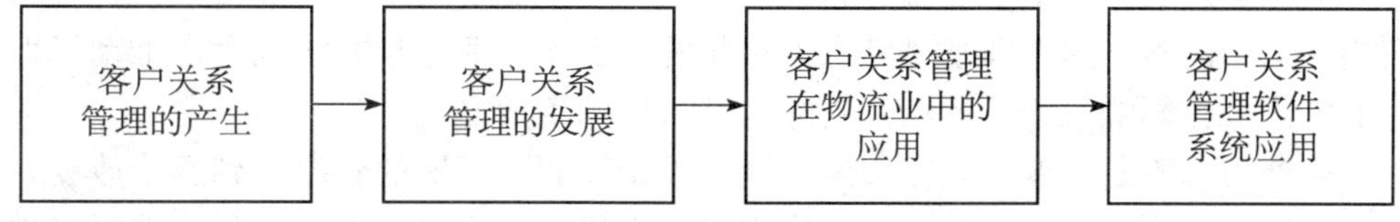

学习目标

知识目标：

1. 了解客户关系管理产生的根源。
2. 了解客户关系管理的发展历程及未来展望。

3. 掌握客户关系管理在物流业中的应用。

能力目标：

能够应用所学知识掌握客户关系管理在实际物流业务中的应用，同时学会使用相关应用软件管理客户关系。

任务一 客户关系管理的产生

案例导入

宜家家居（IKEA）进入中国以来，获得了中国正在崛起的中产阶级消费者的关注，并成为时尚家居和小资生活的符号，至少目前还没有任何一个家居用品企业能够和宜家形成正面的竞争，并且能够做到像宜家一样为消费者着想，能够使用一种近乎让中国消费者看到就会怦然心动的营销模式来进行营销。独特的营销策略是宜家家居成功的关键因素。如今，宜家已经成为中国人购买家具家居用品的首选商家。宜家家居自从 1998 年进入中国，20 年来在上海、北京、广州、成都、深圳、南京等城市开店，成长十分顺利，有着非常高的人流量与销售量。

知识探究

随着电子商务的深入发展，以客户为驱动的生产战略越来越受到国内物流企业的重视和认同。客户驱动经营模式有赖于在客户与物流企业内部之间建立一个畅通、快速、准确的信息交换系统，客户关系管理系统是其典型代表。

一、客户关系管理的起源

客户关系管理最早产生于美国并得以迅速发展，其理论来源于西方的市场营销理论。市场营销作为一门独立的管理学科已有近百年的历史，其理论和方法极大地推动了西方国家工商业的发展，影响着企业的经营观念以及人们的生活方式。

由于生产力的不断发展，全社会生产能力不足和商品短缺的状况得到逐步改变，导致全社会生产能力过剩。商品极大丰富，出现过剩现象，使客户的选择空间及选择余地显著增大。与此同时，客户的需求呈现出个性化特征。为了提高“客户满意度”，企业必须完整掌握客户信息，准确把握并快速响应客户个性化需求，提供便捷的购买渠道、良好的售后服务与经常性的客户关怀等。企业尝试着去衡量每一个客户可能带来的赢利能力，并委派专门的客户代表负责管理客户。在这种情况下，企业将为客户送去他们需要的产品，而不是让客户自己去寻找产品。在这种时代背景下，客户关系管理理论不断地被提升，并逐渐得到完善。

在工业经济时代，企业通过提高工作效率最大限度地降低成本，建立质量管理体系控制产品质量，从而取得市场竞争优势。或者说，工业经济时代是以“产品”生产为导向的卖方市场经济时代，也可称作产品经济时代。产品生产的标准化及企业生产的规模大小决定其市场竞争地位，企业管理最重要的指标是成本控制和利润最大化。

客户关系管理被企业重视的另一个重要因素应当归功于近年来资本市场的发展。一个新成立的企业尤其是服务类企业，在没有取得利润前，会计师事务所及投资公司都将企业客户资源作为对企业价值进行评估时的重要指标，促使客户资源的重要性上升，这一点在网络公司中最为显著。

从字义上看，客户关系管理是指企业用来管理与客户之间关系的管理策略，是选择和管理有价值客户及其关系的一种商业策略，要求以客户为中心的商业哲学和企业文化来支持有效的市场营销、销售与服务流程。客户关系管理方式的实施与企业拥有的正确领导方式、策略和企业文化有着密切的关系。客户关系管理的概念由美国 Gartner 集团率先提出，客户关系管理是辨识、获取、保持和增加“可获利客户”的理论、实践和技术手段的总称。

客户关系管理既是一种国际领先的、以“客户价值”为中心的企业管理理论、商业策略和企业运作实践，也是一种以信息技术为手段，有效提高企业收益、客户满意度、雇员生产力的管理软件。客户关系管理是一个获取、保持和增加可获利客户的方法和过程，也是企业利用 IT 技术和互联网技术实现对客户的整合营销，是以客户为核心的企业营销的技术实现和管理实现。

客户关系管理的核心思想是以客户为中心，要求企业从传统的“以产品为中心”的经营理念解放出来，确立“以客户为中心”的企业运作模式。这意味着企业将把客户作为其运作的核心，也就是说企业的一切活动都是围绕客户展开，客户需要什么，企业就做什么，CRM 的宗旨就是改善企业与客户的关系，使客户时时感觉到企业的存在，企业随时了解客户的变化。这种思想将推动企业最大限度地利用其与客户有关的资源，实现从市场营销到销售再到最后的服务和技术支持的交叉立体管理。

客户关系管理的目的是通过不断改善客户关系、互动方式、资源调配、业务流程和自动化程度等，最终降低运营成本，提高企业销售收入、客户满意度和员工生产力。企业以追求最大赢利为最终目的，做好客户关系管理就是达到上述目的的手段。从这个角度，可以不加掩饰地说，客户关系管理立足于企业利益，同时方便客户，让客户满意。在市场营销和企业管理中，将客户关系管理应用于各企业的销售组织和服务组织，将为企业带来长久的增值和竞争力。

二、客户关系管理的演变过程

在早期的数据库营销阶段，企业已经意识到掌握丰富的客户信息能够带来巨大的效益，于是各企业纷纷投巨资建立客户资料数据库，获取客户信息，而客户关系管理就是在早期的数据库营销中发展和完善起来的。同时，为取得客户的“忠诚度”，企业采取了一系列营销活动，如消费积分或价格折扣等，但是这些做法并没有取得令人满意的效果。成功的营销商已经意识到，营销的关键在于通过长期引导客户行为，强化企业与客户的联系，建立并有效地管理客户与企业的关系。这是一种营销方式，但已经超出了营销的范围，是在企业和客户之间建立的一种双向关系，即从客户利益和企业利润两个方面实现这种双向关系，以获得客户和企业的价值最大化。

客户关系管理的演变大致经过以下三个阶段。

（一）以产品为中心的阶段

在这一阶段，生产力水平低下，产品非常匮乏，企业的生产以生产商为主导。此时企业更关注产品质量管理，“酒香不怕巷子深”“皇帝的女儿不愁嫁”正是这个阶段的最好写照。

（二）以市场为导向的阶段

随着生产力水平的不断提升，企业生产的产品开始出现过剩，企业把注意力转移到市场需求上来，通过市场调研并对市场行为进行研究与分析以了解市场需求，这个时期企业注重对销售渠道和终端的管理，同时，市场调研或抽样调查分析都是“以小代大”进行，没有考虑客户的个性化需求。

（三）以客户为中心的阶段

随着各种现代生产管理思想的发展和生产技术的进一步提高，产品的差别越来越难以区分，产品同质化的现象也越来越明显。因此，通过产品差别来细分市场从而创造企业的竞争优势也变得越来越困难。企业开始意识到客户个性化需求的重要性，认识到一种产品只能满足有限的客户。因此，企业的生产运作开始转到完全以“客户”为中心，满足客户的个性化需求。

上述三个阶段的发展，最终确定了客户在企业生产经营中的地位，因此以客户为中心的客户关系管理是现阶段的主要目的。

三、客户关系管理系统的历史演变

从早期的帮助办公桌软件、接触管理等应用系统到今天的客户关系管理系统，经历十多年的演变，像是在做一幅拼图。下面从客户关系管理系统的历史演变过程简单介绍其发展过程中的几个代表性软件系统。

（一）简单客户服务

简单客户服务是客户关系管理系统的雏形，帮助办公桌系统和错误跟踪系统是其典型应用。

在客户关系管理系统之前，很多美国的大型服务公司都开发了自己的客户资料及问题管理系统，一般被称为帮助办公桌系统。这种系统功能简单，不具有普遍的应用价值。而一般的软件公司则用错误跟踪系统来管理软件产品开发中的错误，后来成为产品开发公司面向客户的产品服务管理的一个重要组成部分。

（二）呼叫中心

呼叫中心是复杂客户服务系统的典型应用，将在后面的章节中做详细论述。

（三）销售自动化系统

销售自动化系统可以帮助公司获取和保留客户，提高管理效率，缩短销售周期，提供更好的销售情况能见度，为公司提供更好的财务保证。同时，它可以有效地管理销售人员的销售活动，实现利润的最大化。在市场竞争日趋激烈的今天，如何提高销售业绩和销售员的生产效率已成为企业核心竞争力的一部分。对于销售来说，销售流程的管理及控制、跟踪现有客户、发现潜在客户等每一项都变得非常重要，销售自动化系统作为客户关系管理系统的前身，在这些项目上发挥着巨大的作用。

（四）前台办公室

前台办公室指客户服务与销售自动化系统的集成。其产品特点是将单一的功能模块（如呼叫中心）结合起来，变为一个统一的利润增长点，并成为企业的利润中心。

（五）客户关系分析

客户关系分析是客户关系管理演变过程中重要的一步，在分析型客户关系管理逐步成型后，有关客户资料的分析及利用渐渐显示出其强大的生命力。数据分析最初应用的只是简单的统计方法，但在管理决策中却起到了重要的作用。商业的需要促进了数据分析技术和工具的快速发展，产生了数据仓库技术、数据挖掘方法、联机分析应用等手段。

（六）客户关系管理系统

客户关系管理系统由客户服务、销售自动化、客户关系分析等组成，形成了一种新的企业解决方案，使企业可以有力地应对竞争激烈的环境。

四、客户关系管理产生的背景

客户关系管理的产生，从宏观上来看，受整个社会经济发展的影响。现阶段社会经济的发展已经进入以“客户”“竞争”“变化”为主线的新经济时代。在这个时代，产品同质化的趋势越来越明显，竞争的焦点也已经从产品的功能、价格的竞争转向品牌、服务的竞争，最终转为客户资源的争夺。所以，企业如何与客户建立和保持一种长期、良好的合作关系，如何掌握客户资源、赢得客户信任，如何分析客户需求及价值，并在此基础上制定企业发展战略和市场策略，生产满足客户需要的产品和服务，将是企业核心竞争力的关键所在。

20 世纪 80 年代 Internet 的诞生在信息技术领域中成为一个新的起点，也是一次深远的革命。信息技术不仅使每个人受益，同时从这一刻开始，它真正使整个社会作为一个整体从信息技术中获益，工业化社会开始向信息化社会过渡。

Web 技术的出现使信息化技术的开发达到了一个新的高度。应用 Web 服务技术，使计算机系统之间能够真正摒弃平台差异和实现差异，依靠预先达成一致的 Web 服务规范，完成无缝的系统对话。只有实现了低实现代价的、广泛的无缝互联与会话，Internet 所带来的系统联系的极大便利性才能真正转化为生产力的极大提升。随着 Web 服务技术的广泛应用，各个技术提供商将可仅专注于自身技术的发展，而将与其他技术供应商的互操作问题转移给 Web 服务技术，这将为各个技术提供商节省相当大的研发成本。同时，Web 服务的发展将有力地推动应用开发模式的变迁，当代应用需要摆脱独立解决方案的实现模式，舍弃复杂系统连接的实现方法。一个有效的应用绝对不应该仅仅基于程序员以及那些复杂的代码。对于当代企业应用，传统的由程序员主导的由里向外的开发模式应当被由用户主导的由外向里的开发模式所取代；同时，这样的应用应当天生就具备高可定制性。

Web 服务不但能够改变现有的技术、现有的商业应用效率，同时，Web 服务这个崭新的模式，就如同计算机和互联网的出现那样，也将创造出许多崭新的商业模式。

拓展任务

1. 客户关系管理产生的根源是什么？
2. 企业客户关系管理产生的必然性是什么？

任务二　客户关系管理的发展

案例导入

国航的公司管理层始终围绕其“竞争实力世界前列、发展能力持续增强、客户体验美好独特、相关利益稳步提升”的战略内涵，并且延续其一贯的 CRM 计划，希望能够促使公司持续发展。国航从成立开始，就一直秉承其独特的以 VIP 客户为核心的 CRM 体系，锁定 VIP 客户，并积极挖掘潜在 VIP 客户的价值，同时想方设法提升顾客满意度。因此，国航制订了“常旅客计划”，大规模改造飞机“两舱”，并且开展协议大客户计划以实施其 CRM。在 CRM 方面，国航一直走在国内民航业的前列。

知识探究

一、企业管理的发展历程

回顾工业经济发展中企业管理的发展历程可知，第一阶段是粗放型管理，管理的基点是机器设备和劳动力，以节省物力和人力的消耗、推进企业规模的扩张、提高产品数量的增长为目的，重点放在对物的管理上；第二阶段是以科学管理为代表的西方近代管理模式，是随着经济的发展、工资成本的提高，为充分利用人力资源应运而生的，通过生产细化将基于物力的管理转向基于人力的管理；第三阶段是随着新的科技革命特别是信息技术的广泛应用，企业管理发展到以信息为主的管理模式。为适应网络经济时代的要求，新型管理模式将不断出现，以帮助企业实现自身飞速发展，获得更大的竞争优势。

二、客户关系管理的发展动因

客户关系管理从产生之日起，就一直处于快速发展的趋势当中，尤其是近几年，全球客户关系管理呈现出爆炸性的增长趋势。推动客户关系管理如此迅猛地向前发展的动因有以下四个方面。

（一）信息技术的快速发展

信息技术的快速发展为客户关系管理的产生及发展提供了很好的平台。长期以来，企业找不到一个了解众多客户情况的有效手段，所以难以很好地满足客户的要求。自从20世纪90年代以来，大型关系数据库技术、局域网技术、客户/服务器技术、分布式处理技术、数据挖掘技术以及个人计算机在企业的普遍使用，使在全公司范围内建立一个多点输入、多用户共享的客户管理系统成为可能。而互联网的产生和发展对客户关系管理注入了强大的催化剂，利用互联网这种最新的互联渠道一下子把企业和客户拉得很近，从而增添了一个全天候的、不受地域限制的接触渠道，使企业和客户能更快、更广泛地进行双向交流。信息技术的飞速发展，使客户关系管理从实践上成为现实并快速增长，在短短几年之内已成为企业管理应用系统的一个关注的焦点。

（二）激烈的市场竞争

不断加剧的市场竞争催生了客户关系管理的快速增长。20世纪80年代以来，市场竞争不断加剧，这成为客户关系管理发展的另一动因。

（1）激烈的市场竞争使资源在全球范围内按效益最大化的原则被重新分配，企业已经不能再过多依靠国家和地方政府的保护，必须利用一切技术和手段来增强自身的竞争能力，在竞争中赢得市场。

（2）竞争使产品趋于同质化，企业竞争力从产品转向服务，如何从情感上留住客户成为企业在新经济条件下必须磨炼的生存技巧。

（3）竞争使企业关注的重点由内部潜力挖掘向重视外部客户转移。长期以来，企业为了加强竞争优势，纷纷利用各种技术优化内部流程，如企业资源规划（enterprise resource planning，ERP）系统以及供应链管理（supply chain management，SCM）系统等都是为了实现企业产、供、销环节的自动化，从而提高内部运作效率。然而，当大部分企业都具备这种“内部管家”系统后，企业靠内部集成提高效率的手段也就不足以产生明显的竞争优势，不得不寻求新的手段以拓展新的竞争优势，因此，关注外部客户资源成为企业必然的选择。

（三）消费者行为的变迁

消费者消费行为的变迁也是促使客户关系管理快速发展的动力之一，这主要体现在两方面：

（1）伴随着工业化进程的发展，消费者的价值观在不断变化，从最初的理性消费阶段到感觉消费阶段，现已经发展到感情消费阶段。在这一阶段，伴随着科学技术的飞速发展，人们的生活水平大大提高，物质产品极其丰富，呈现出供大于求的局面。这时的消费者越来越重视心灵上的充实和满足，对商品的需求已超出了价格、质量、形象和品牌等的范围，开始关注产品的无形价值，如售后服务、销售人员的态度等。因此，客户在这一阶段评判产品的标准是总体的“满意”与“不满意”。而与此同时，机械化的大量生产以及生产技术的普及使产品在功能上的差别越来越小，单凭产品本身已无法完全达到客户满意的要求，企业必须从“以产品为中心”转向“以客户为中心”。

（2）互联网技术的发展使客户的选择权空前加大。互联网为人们提供了一个全新的、快速的信息交流平台，人们足不出户便可以获得分布在世界各地的各类信息，并对这些信息进行有效存储、处理和分析，使其成为自己消费行为的决策依据。信息工具和渠道的快速发展，使客户对产品和服务的选择范围不断扩大，选择能力不断提高，同时选择欲望也日益增强，因此如何把握客户的需求并以最快的速度作出响应，即如何吸引并保持客户，已成为当今企业竞争的焦点。企业需要通过客户关系的最优化来达到企业利润的最优化。为达到这一目的，企业必须了解与客户相关的各种信息，主要包括客户基本信息、销售信息、市场信息、服务信息、业务运作情况等，并能根据这些信息事先或事后相应地调整自己的经营行为。

（四）企业内部管理的需求

ERP的设计主要针对生产、流通和财务领域，而对与客户有关的企业经营活动，如在销售、服务和营销活动方面，传统的ERP系统还无法提供一个有效的整合手段。

（1）企业的销售、营销和客户服务部门难以获得所需的客户互动信息。企业内部没有一个对客户信息的采集、存储、处理、更新和输出的有效管理系统，在信息的可用性、准确性以及完整性方面可供营销人员使用的基础信息有限。而销售人员在从事销售活动的过程中，通常自己掌握各种客户资料并将之看成是自己的重要资产，如果营销人员想要这些客户资料，销售人员不太情愿交出，这对公司的发展很不利。销售人员一旦离开，就带走了一大笔业务；一个新的销售人员加入公司后，对客户的了解又得从头做起，会形成信息断层。

（2）来自销售、客户服务、市场、制造、库存等部门的信息分散在企业内，这些零散的信息使企业无法对客户有全面的了解，各部门难以在统一信息的基础上面对客户。这需要各部门对面向客户的各项信息和活动进行集成，组建一个以客户为中心的企业，实现对面向客户的活动的全面管理。很明显，从企业内部的实际需求来看，为了解决这些客户信息分散、不一致等问题，迫切需要一个类似于后台ERP系统功能的能够整合多个客户服务部门的前台系统，从而减少内部资源的浪费，提高企业前台的工作效率。

三、客户关系管理的发展趋势

CRM的市场潜力很大，众多的IT资源将会集中于这一领域而使CRM动态多变，难以预测。下面从市场前景、理念、技术三个方面对 CRM 的发展作一个简单预测，以供参考。

（一）市场的发展趋势

客户是企业的生存之本，现在越来越多的企业关注对客户的管理，因此 CRM 软件市场非常庞大。客户关系管理在技术应用上不像 ERP 那样非得“休克式的”或“连根拔起式的”实施，它在技术应用的阶段性、模块的选择性等方面都灵活得多，这使任何一个企业都可以是 CRM 技术应用的对象。尽管功能的深浅、实施的范围差别很大，但是 CRM 技术应用市场的广泛性是 ERP 和其他管理软件无法比拟的。

1. 全球 CRM 市场发展趋势

在全球范围内，CRM 主要有以下几个市场发展趋势：

（1）企业界将越来越理解 CRM 的精神实质，将不再盲目地跟随，而是更现实地评估自身的企业特点；在项目实施上采取更谨慎的“一点一点来”的方式，而不是早期“大项目”的“休克”方式；更加强调近期的投资回报以及长期的利益回报。

（2）虽然市场上还会出现很多的新开发商，但其泡沫性将慢慢向巩固性方向转变，越来越多的 CRM 系统提供商将不断进行强强联合，以获得更有利的竞争优势。

（3）在高端市场告一段落之后，CRM 系统提供商的竞争将面向中型企业，即员工数量为 100～500 人的企业。

2. 中国 CRM 市场发展趋势

据大中华区客户关系管理组织研究报告，中国 CRM 市场的发展如下：

（1）中国市场仍然处于市场培育阶段，中国大量的中小企业需要集 ERP 和 CRM 功能于一体的电子商务解决方案。

（2）中国省市级新兴的 CRM 厂商将会继续产生，最终达到饱和，在中国将出现以几个处于领导地位的 CRM 厂商为主、以多个地区级的厂商为第二级提供商的局面。尽管厂商数量不少，但不会产生很多兼并现象。

（3）北美厂商仍然不会投入太多力量关注中国市场。

（4）各提供商将对已有功能进一步强化，继续进行功能扩展，但本土型厂商开发出灵活丰富的客户化工具以及业务流程设计工具将有很大的难度。

（5）在中小企业市场，以价格竞争为主，有可能出现重价格、不重服务的现象，使 CRM 理念无法在 CRM 产品本身有所实践。

（二）理念的发展趋势

CRM 这个概念一直处在发展之中，CRM 可能在未来的发展中转变为 XRM 的形式，将客户的语义范围扩展到其他关系对象，下面是 CRM 内涵转变的两个方面。

1. CRM 向客户管理的关系转变

通过前面的内容可以了解到，企业采用 CRM 几乎是以企业利益为中心的，在企业和客户的“权力斗争”过程中，企业基本上主导着关系的发展和维持。而关系是双方的，只有合作互利才可以将关系长久化，关系的双方没有谁大谁小的问题。因此，CRM 的主要论点就是要确实地将客户作为一个“尊敬的关系主体”邀请到关系管理的全过程中，而不是目前大多数实施 CRM 项目的企业所采取的试图利用新技术“驱赶式”地对待那些目前显得不那么重要的客户的方式。当然，将 CRM 作为一个论点是有新意的，但在实践中行不通，毕竟企业的资源有限，而且它存在的唯一理由就是为了利益最大化，只不过是实现利益的手段以及利益实现的阶段性不同而已。

2. CRM 向 XRM 转变

CRM 中的“C”（customer）指“客户”。未来的发展中将扩展客户的理解范围，包括员工和伙伴等其他关系的对象，也就是说任何一个人或组织，只要对企业的发展有贡献（现实的或潜在的），都可称为客户，这样建立起“企业关系管理”的概念，而不再限于传统概念上的客户。

（三）应用技术上的发展趋势

在 CRM 应用技术上主要有以下发展趋势：

（1）在技术上继续以 Web 为主，在性能以及交互性应用上将推出更成熟、更实用的产品。

（2）将更强调与其他应用的整合，基于可扩展标记语言技术的整合将成为业界的标准。

（3）将充分利用业务流程管理的技术，丰富 CRM 产品功能，增强流程定制的灵活性。

（4）呼叫中心从传统的呼叫中心，真正变成多渠道的客户联络中心，并利用自动识别语言、智能路由技术和即时消息等技术进行多渠道集成，从而大幅度提高对客户的处理能力。

（5）无线移动应用仍有很大的发展空间，各种技术、设备和通信协议将不断标准化，供应商将进一步通过联合兼并等方式发展壮大。

（6）CRM 各应用模块之间将进一步加强整合。

（7）在对非结构化数据的采集和处理上将加大开发力度，使 CRM 系统能处理占整个客户数据 80%的诸如文件、电子邮件和交谈内容等传统 CRM 应用无法处理的非结构化数据。

拓展任务

1. 客户关系管理经过了哪几个发展阶段？
2. 请预测一下客户关系管理的发展趋势。

任务三　客户关系管理在物流业中的应用

案例导入

为挽救公司于垂死边缘，波音公司斥巨资改善产品线、实施精益生产以维持竞争优势，还将大量精力和资源投入关系营销中，通过加速 CRM 软件的完善、完善客户服务等手段，以实现“客户价值最大化”的目标。波音公司的多个重要项目都已取得进展。

知识探究

在我国，现代物流作为一个服务行业，由于市场前景广阔和利润机会增多，吸引了大批的竞争者。面对日趋激烈的市场竞争，如何拓展新客户和巩固老客户、怎样为不同的客户提供个性化的服务等一系列问题成为物流企业不得不面对的难题。而针对这些问题，客户关系管理（CRM）可以提供不错的解决办法。下面将对客户关系管理在物流业的应用进行初步探讨。

一、CRM 在物流企业实施的重要性

CRM 是一种面向客户，通过全方位、多角度服务维持老客户、吸引新客户的管理模式。如果说 ERP 帮助物流企业理顺了内部的管理流程，为企业的发展打下了良好的基础，那么 CRM 的出现才真正使企业能够全面观察其外部的客户资源，并使企业的管理全面走向信息化。客户关系管理在物流企业实施的重要性如下。

（一）从物流行业的性质来看

与传统物流活动相比，现代物流的最大革新不在于内容的拓展，而在于物流服务理念的确立以及物流运作方式的变化。受市场规模和经营范围扩大等因素的影响，企业依靠自身组织物流活动变得不经济，越来越多的企业倾向于将物流活动交给独立的物流服务企业。企业的物流功能在外化，物流由“活动”转变为“服务”，成为商品。物流企业提供给各种企业的是物流服务，而不只是单独企业内部的物流活动。不夸张地说，“服务”是物流的性质，也可以说物流行业是服务行业。

（二）从物流企业的客户来看

与一般的服务行业不同，物流行业服务的客户不是商品或服务的最终消费者，而是各种企业，既有生产领域的企业，也有流通领域的企业。物流公司与其结合的程度，要比一般的服务行业与其消费者结合的程度紧密得多。物流活动交由物流企业完成，形式上虽然外部化，但从本质上却要求物流企业与客户的生产、销售等子系统在功能上紧密融合。

对物流企业而言，与客户在更深层面上的交流与合作，不仅意味着稳定的客户资源，也意味着更可观的利润空间。两方面的因素促使物流企业与客户间形成了紧密合作、相互依存的关系，远远超出了一般服务供给方和需求方的范畴。这是物流服务的独特之处。

当物流企业与客户间形成紧密的战略合作伙伴关系时，对物流服务的要求就不仅限于运输仓储的可靠性、存货可得性等，还要求物流成本与客户的生产、营销等成本的总和即总成本达到最小，物流服务的作业目标在外延和内涵上都有新的拓展。

1. 在物流活动上

对为生产型企业的产品销售和为流通企业的产品配送服务的物流活动，物流企业必须

同时实现：（1）快速响应，即及时将产品送达客户手中；（2）最小变异，即在突发情况下采取各种手段，如溢价运输等方式，确保物流服务系统表现的稳定性；（3）质量改善，即与客户的全面质量管理等经营策略配合，避免不正确装运和运输中造成的产品损坏，导致客户重新订货而造成的时间延误。

2. 在时间尺度上

为制造商服务的物流企业要根据产品在生命周期所处阶段的不同特点调整物流目标。（1）在产品的引入阶段，客户的首要目的是使产品在市场上立足，因此物流企业要尽一切努力实现产品的可得性与物流的灵活性；（2）在产品成长和成熟阶段，物流企业要与客户共同实现向客户终端所提供服务的质量和成本上的平衡；（3）在产品衰退阶段，厂商对物流会进行新的定位，物流企业要配合客户实现经营风险最小化。

3. 在服务内容上

除了传统的运输、仓储及一般意义上的加工包装等增值服务外，物流企业还可以提供订货处理、开票、回收商品处理等独特的服务。具体到单个企业，物流活动的个性化特征更加突出。例如：美国的罗德威物流服务公司向 LOF 玻璃公司不仅提供运输服务，而且还安排其他承运人处理该公司的部分运输。一些大型零售商不仅要求物流企业进行产品配送，还要求企业搬运货品上架、理货、进行二次包装等。

（三）从物流企业战略来看

中美 WTO 谈判最为“惊心动魄”之处是围绕分销及相关活动——物流与配送进行的多轮谈判，中美两国政府已经认识到分销、物流与配送是企业活动的命脉，任何一方都不敢轻视。中国已经承诺，在一定时间的过渡期内，我国商品分销服务市场将逐步扩大开放领域和范围，在过渡期后全面实行对外开放。

一些国际著名的专门从事第三方物流的企业和快递业巨头如 TPG、UPS、DHL、FedEx、德国邮政等对中国的物流市场关注已久，它们或结成联盟，或并购股权，组成专业化的物流企业，作为专业化的“第三方物流”服务商进入中国物流领域，为客户提供全国配送、国际物流服务、多式联运和邮件快递等服务。

面对国外物流企业的猛烈冲击，国内物流企业无论是在资金、设备上还是员工素质等上都处于下风。国内物流企业唯一的优势就在于企业熟悉国内物流市场和客户关系，在较长期间内积累了相当的客户信息。但企业对这些信息缺乏有效的管理体制与手段，没有能够充分挖掘客户资源，以致优势并未成为优势，而这正是 CRM 能解决的问题。

总之，通过实施 CRM 所带来的主要竞争优势是明显的：提高客户忠诚度和保有率、缩短销售周期、降低销售成本、增加收入、扩展市场，从而全面提升企业的赢利能力和竞争力。在西方，工业或商业企业与物流企业长期结盟形成较稳固的战略伙伴关系已相当普遍。在日本，这种物流配送方式几乎占到社会总物流量的 80%。CRM 给企业带来的好处显而易见。

二、CRM：提速物流业竞争

中国物流市场发展迅速、潜力巨大，根据中国物流与采购联合会的数据统计，2017 年全国物流总额 252.8 万亿元，同比增长 6.7%；全国社会物流总费用 12.1 万亿元，同比增长 9.2%；全国物流业总收入为 8.8 万亿元，同比增长 11.5%。可以预计，我国物流业将保持平稳较快增长，面临的竞争也是巨大的。

第一，中国物流企业安身立命之本的货运业务，在中国加入 WTO 之后，开始受到来自丹麦马士基、UPS 等国际货运巨头日益严峻的挑战，在国际海运市场舞台上的竞争并不轻松。

第二，虽然中国物流企业已经开始加速向第三方物流企业转化，但这条道路并不平坦，一方面，UPS、TNT、FedEx、马士基、美集等跨国物流企业通过各种可能的途径，纷纷在中国物流市场的战略高地抢占先手；另一方面，民营物流商异军突起，展现了强大的竞争实力和机制灵活的优越性，同样形成极大的压力。

因此，中国物流企业在向现代营销型企业的角色转换中，一方面要积聚竞争优势，另一方面还要应对来自中外对手咄咄逼人的竞争。信息化成为提高企业实力的必要手段。市场竞争的加剧，使货运企业不断审视自身经营的每一块“短板”，改善客户关系管理、提高市场营销能力成为这些货运巨头决胜市场的关键所在。

CRM 作为信息系统，在货运领域的应用才刚刚开始，不过 CRM 作为管理思想已经得到货运企业的认同和实践。现代物流企业的价值体现在科学地为客户设计并实施客户化的“一揽子服务”。如传统航运企业经过从提供单纯海运服务到致力于多式联运的历史，如今已经开始提供包括仓储、分拨、配送、信息管理以至完整的供应链管理等多种形式、集成的物流服务。物流企业为客户优化供应链，降低物流费用，设计全客户化服务，提高运营效率，最终实现长期与客户共赢的目标。

物流行业是典型的客户关系维护型行业，企业运营主要依靠老客户的重复购买，因此对货运企业来说，保持、挖掘一个老客户的服务购买能力，增加自身的份额比重，是实现销售增长的较容易的途径。此外，从建立营销一体化的角度来看，物流企业要从以交易为中心转变为以客户为中心，根据客户的价值和规律，来更好地安排运力、服务和价格策略。需要根据完整的客户信息，分析客户是哪一类企业，运输规律怎样，淡、旺季如何分布，对运输线路质量的要求，付款方式和信誉如何等，再根据这些情况制定相关维护策略。另外，物流企业以有限的运输能力应对不均衡的客户需求，需要把客户的价值、满意度与企业的运营结合起来。若有相应的信息系统支持决策，企业就能科学地安排运输计划，根据以往的交易数据、付款情况，客观、完整地找到高价值客户，优先满足其需求。

三、物流企业实施 CRM 需注意的问题

（一）管理层面

（1）推进 CRM 的实施，要使物流企业决策层领导加强认识，理解 CRM 理论，了解到实施 CRM 给企业带来的好处，进而充分支持、推动 CRM 的实施，甚至亲自领导 CRM 工作的开展。这将直接关系到 CRM 实施的成败。

（2）对物流企业的业务运作流程作调查与分析。根据调查及分析结果，综合提出 CRM 实施总体原则，形成目标业务流程，进行以客户为中心的物流企业组织机构调整，如成立企业信息化领导小组来领导、推动企业信息化工作，扩充信息中心人员等。

（3）建立物流企业的CRM管理制度。根据调查形成的本物流企业客户关系目标业务流程，设置职位，并提出职责范围。在设置岗位时，要体现以客户为中心的思想，加强设立能提高客户满意的职位。如在运输部、库房管理部、物流加工部等常设了解客户需求的客户管理人员，从事市场状况反馈、建议，监督、抽检各部门的工作，协调与行政、售后部门的关系，提高物流服务的即时性和准确性，提高客户满意度。

（4）正像德勤咨询公司客户关系管理部全球负责人史蒂芬所说的："CRM是一个长期的旅程，不是一个单一的项目。"物流企业要重视与每一个客户的关系，认识到与客户的合作不是一次提供物流服务的交易，而是一个长期的过程。物流企业要不断调整物流服务。可能刚开始只是为客户提供物流的仓储、运输服务，随着各种形式交流的增多，物流企业了解到客户物流系统设计方面的需求，就会为其提供个性化的物流系统设计。长此以往，综合分析CRM多渠道汇总的信息，企业可以长期为客户提供服务，令客户满意，从而增加企业的利润，形成和客户共同成长、发展的"双赢"局面。

（二）技术层面

在技术方面，物流企业有以下工作要做：

（1）建立、完善多种与客户交流的渠道。物流企业的客户主要是其他行业的企业，为客户提供的服务往往是个性化的，这需要通过各种方式了解客户。而且各种信息的统一格式（即标准化）正是整合不同渠道来收集信息的基础。

（2）企业内部网络的调整。采用CRM势必造成物流企业前端部门如营销部、客服部对网络通信资源、网络设备等需求的增长。这就要求物流企业根据企业现有的情况和CRM的预测需求部分调整或增加网络资源及设备，如数据库服务器、通信服务器、内部网干线的扩容。

（3）CRM软件方案的实施。CRM软件是CRM管理思想、体制的体现，管理流程的调研与分析很重要。

拓展任务

1. CRM在物流业中的应用有什么意义？
2. CRM在物流业中的应用有哪些创新点？

任务四　客户关系管理软件系统应用

案例导入

当中国邮政和电信分家的时候，全国邮政直接亏损达142亿元。中国邮政这个被圈养多年的庞然大物，突然间被推了一个完全陌生的“市场化原始森林”。如今的邮政企业已经被许多大大小小的国内外竞争对手完全包围了，邮政业务分流十分严重。而随着中国加入WTO，市场的竞争情况会变得更加残酷。北京市东城区邮局在这个关键时刻毅然决定实施CRM项目，想要以客户为中心，满足客户的需求，从而抓住不断流失的业务。从CRM系统的引进，选择合作伙伴，选择产品类型，一直到建立项目小组，北京市东城区邮局的CRM项目一直在循序渐进地实施着，虽然期间出现了各种各样的问题，但是在大家的努力下都被一一克服了。最终，CRM项目为北京市东城区邮局插上了腾飞的翅膀。

知识探究

客户关系管理软件可以帮助企业分析出客户跟进的每一个阶段，并进行管理维系，让企业知道有多少成交客户和多少流失客户，对如何成交、如何流失进行分析统计。这样就可以让企业最大限度地规避同样的错误，提高企业的成交率。

一、客户关系管理软件系统支持的应用模式

（一）单机应用

单机配置好CRM环境。

（二）局域网应用

单机配置好CRM环境之后，如果需要局域网使用，应先配置好PHP服务，恢复CRM数据库及程序，之后输入“http：//单机IP”即可访问。

（三）互联网应用

（1）单机配置好使用环境后，安装可实现单机域名解析的系统，即可通过二级域名来使用本系统。这样做的优势是可以有效利用自己的资源，全部客户资源保存在单机数据库里。不足之处是虽然很节省费用，但必须要保证单机系统的安全与稳定。

（2）通过租赁虚拟主机或注册域名来运行。

二、客户关系管理软件系统的构成

（一）接触活动

在客户接触、参与阶段，系统主要包含：

（1）营销分析：包含市场调查、营销计划、推广活动计划等，使营销过程更具计划性，达到最优化。

（2）活动管理：保证完整营销活动的传达，包括计划、内容发展、客户界定、市场分工和联络。

（3）电话营销：通过各种渠道推动潜在客户产生，包含名单目录管理，支持一个企业多联系人。

（4）电子营销：保证互联网上个性化的实时大量的营销活动的实施和执行。始于确切、有吸引力的目标组，通过为顾客定制的内容和产品进行进一步的交互。

（5）潜在客户管理：包括潜在客户挖掘、潜在客户合并、自动分配潜在客户的服务资源等。

CRM 软件应当能使客户以各种方式与企业接触，典型的方式有面对面的沟通、传真、电话、电子邮件以及其他营销渠道等。

（二）业务功能

企业中每个部门必须能够通过上述接触方式与客户进行沟通，而市场营销、销售和服务部门与客户的接触和交流最为频繁，因此，CRM 软件主要应对这些部门予以支持。

（1）销售模块：提高销售过程的自动化和销售效果。主要包括销售、现场销售管理、电话销售、销售佣金等子模块。

（2）营销模块：对直接市场营销活动加以计划、执行、监视和分析。主要包括营销、针对某具体行业的营销部件以及其他功能。

（3）客户服务模块：提高那些与客户支持、现场服务和仓库加工相关的业务流程的自动化，并加以优化。包括服务、合同、客户关怀、移动现场服务等子模块。

（4）呼叫中心模块：利用电话来促进销售、营销和服务。主要包括电话管理、开放连接服务、语音集成服务、管理分析工具、代理执行服务、市场活动支持服务、呼入呼出调度管理等子模块。

（5）电子模块：包括电子商店、电子营销、电子支付等子模块。

（三）数据仓库

数据仓库是 CRM 项目的灵魂。首先，数据仓库将客户行为数据和其他相关的客户数据收集起来，为市场分析提供依据。其次，数据仓库将对客户行为的分析以联机分析处理（OLAP）、报表等形式传递给市场专家。市场专家利用这些分析结果，制定准确、有效的市场策略，同时，利用数据挖掘技术，发现交叉销售、增量销售、客户保持和潜在客户的方法，并将这些分析结果转化为市场机会。通过数据仓库的分析，可以产生不同类型的市场机会。针对这些不同类型的市场机会，企业分别确定客户关怀业务流程。依照这些客户关怀业务流程，销售或服务部门通过与客户的交流，达到关怀客户和提高利润的目的。最后，数据仓库将客户的市场机会的反应行为，集中到数据仓库中，作为评价市场策略的依据。可以这样说，数据仓库是 CRM 管理思想和信息技术的有机结合。

一个高质量的数据库包含的数据应当能全面、准确、详尽和及时地反映客户、市场及销售信息。数据可以按照市场、销售和服务部门的不同用途分成三类：客户数据、销售数据、服务数据。客户数据包括客户的基本信息、联系人信息、相关业务信息、客户分类信息等，它不但包括现有客户信息，还包括潜在客户、合作伙伴的信息等。销售数据主要包括销售过程中相关业务的跟踪情况，如与客户的所有联系活动、客户询价和相应报价、每笔业务的竞争对手以及销售订单的有关信息，等等。服务数据则包括客户投诉信息、服务合同信息、售后服务情况以及解决方案的知识库等。这些数据可放在同一个数据仓库中，实现信息共享，以提高企业前台业务的运作效率和工作质量。

三、客户关系管理软件系统的基本功能

（1）客户资源管理：支持客户资料的批量导入，支持多联系人管理，支持客户名称的排重，支持多条件搜索，支持客户资料、联系人资料的修改、删除权限的控制。

（2）客户查看权限：支持批量客户资料的共享、分配和转移操作，支持上级对下级资料的查看，可严格控制业务员可查看的客户范围。

（3）外出登记：如果业务人员需要外出，可以直接在系统中登记，还可以直接按客户进行周计划的外出安排，省去了纸质登记的麻烦。并且有外出登记就有联系记录，方便相互对照。

（4）联系记录：无论是上门拜访还是电话联络或其他联系方式，都可以将本次联络的结果和过程概要进行小结，以便管理人员的检查和指导；管理人员可通过系统进行批复，给出指导意见，从而加强上下级的沟通。

（5）机会管理：将机会根据一些可衡量的指标，划分为不同的阶段，实时评估项目所处的阶段，这是对项目跟踪最为直接的方法，也是管理层协助业务员开展下一步工作的依据。这样就降低了人为主观判断，加强了事实依据。

（6）文档管理：方便业务人员将和客户往来的有参考意义的电子文档（如报价单、解决方案、对方的需求文档等）归档到相应的客户名下，以便后期随时查阅。另外也可以将一些解决方案或公共资料以电子文档的方式放到系统中作为知识库的一部分。

（7）员工中心：不但能让业务员每周提交周工作计划、总结与建议给管理层，便于管理了解业务员的工作，而且管理层也可以对比各人的近期工作记录，工作量一目了然。

（8）报价管理：支持对客户快速标准报价，支持报价单的复制功能，支持对税率的计算，支持个性化的报价单格式的输出和打印。

（9）到款管理：支持同一销售单的多次收款，支持预收款管理及财务费用管理；支持客户期初余额的管理；支持多账户、多付款方式的管理；支持其他币种转换为人民币进行结算。

（10）发票管理：支持同一销售单的多次开票，支持对发票号的管理。

（11）费用管理：支持费用报销与客户以及订单号进行关联，支持对费用报销有效期的控制，提供对业务员的费用报销金额的分析。

拓展任务

目前我国有哪些客户关系管理应用软件？

实训练习

基础练习

1. 客户关系管理的终极目标是(　　)的最大化。

A. 客户资源　　B. 客户资产

C. 客户终身价值　　D. 客户关系

2. 根据客户与企业的关系将客户细分，下列划分正确的是（　　）。

A. 一般客户；企业客户；渠道分销商和代理商；内部客户

B. 零售消费者；企业客户；代理商；内部客户

C. VIP 客户；主要客户；普通客户；小客户

D. 屈从型；关怀型；适应型；冷漠型

3. 企业主动与客户进行接触，以便客户较深入地了解产品、服务的特征和优劣势，以及企业信誉等多方面的状况。这是针对(　　)而言的。

A. 潜在期客户服务

B. 开发期客户服务

C. 成长期客户服务

D. 成熟期客户服务

4. 下列不属于客户描述性数据的是（　　）。

A. 降价销售　　B. 行为爱好

C. 客户家庭成员情况　　D. 信用情况

答案： 1. C　2. A　3. B　4. A

拓展任务

沃尔玛“啤酒＋尿布”的故事

一般看来，啤酒和尿布是顾客群完全不同的商品。但是沃尔玛一年内数据挖掘的结果显示，在居民区中尿布卖得好的店面啤酒也卖得很好。原因其实很简单，太太让先生出门买尿布的时候，先生们一般都会犒劳自己两听啤酒。因此啤酒和尿布一起购买的机会是最多的。这是一个现代商场 CRM 系统发现的秘密。沃尔玛能够跨越多个渠道收集最详细的顾客信息，并且能够造就灵活、高速供应链的信息技术系统。沃尔玛的模式已经跨越了企业内部管理（ERP）和与外界“沟通”的范畴，而是形成了以自身为链主、链接生产厂商与顾客的全球供应链。沃尔玛能够参与到上游厂商的生产计划和控制中去，因此能够将消费者的意见迅速反映到生产中，按顾客需求开发定制产品。沃尔玛超市“天天低价”广告表面上看与 CRM 中获得更多客户价值相矛盾，但事实上沃尔玛的低价策略正是其 CRM 的核心，与“按订单生产”不同，以价格取胜是沃尔玛所有 IT 投资和基础架构的最终目标。

任务	沃尔玛的客户关系管理对其业绩提升有何作用
完成时间	1学时
任务目标及要求	熟练运用客户关系管理的相关内容进行探讨
研讨内容	客户关系管理数据库分析及客户关系管理的相关软件使用等
研讨成果	需依据所学知识得出相关结论，有理有据即可
讨论过程	分小组讨论
自我角色	组长、组员
评价	分别由其他小组及老师打分

项目三 物流企业客户开发

问题引入

顺丰速运（集团）有限公司（简称顺丰）于1993年成立，总部设在香港，是一家主要经营国内、国际快递及相关业务的服务性企业。自成立以来，顺丰始终专注于服务质量的提升，不断满足市场的需求，建立了庞大的信息采集、市场开发、物流配送、快件收派等业务机构。

顺丰对客户开发有如下措施：

（1）通过数据挖掘、数据分析来认识客户和偏好，了解客户消费模式及习惯的变化，培养企业对客户的洞察力。让客户了解服务的环节，从而建立对顺丰的信任。

（2）对重要客户建立完善的档案资料，详细地记载其货物种类、每次运输的货物量、运输周期等，然后对客户信息进行跟踪，以便在适当的时机出击，说服其将接下来的业务交给顺丰做。顺丰对重要客户的管理手段有三个：一是以差别化的精细服务来巩固客户；二是以情感化的真诚服务吸引客户；三是以规范化的延伸服务培养客户。

（3）手机营销上，针对客户群体发布短信，包括服务类的和优惠类的。

问题:

1. 物流企业如何进行客户开发?
2. 你认为物流企业客户开发的策略中哪一种最有效?

任务导读

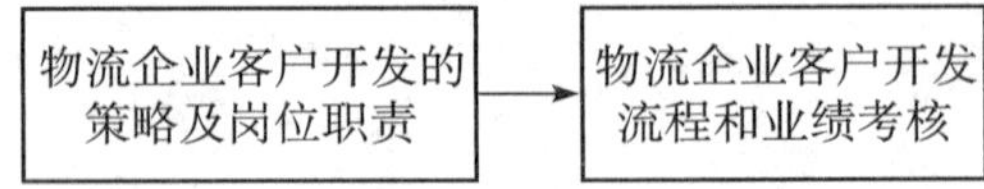

学习目标

知识目标：

1. 掌握物流企业客户开发的策略。
2. 熟悉物流企业进行客户开发时各部门的岗位职责。
3. 掌握物流企业客户开发的流程。

能力目标：

掌握物流企业客户开发途径，树立客户开发业绩管理意识。

任务一　物流企业客户开发的策略及岗位职责

案例导入

虹雨物流公司是国家级3A企业，主要从事公路运输业务。截止到2018年2月，虹雨物流公司在全国已经拥有500多家网店，服务范围覆盖300多个城市，全国运转中心总面积超过40平方米。虹雨物流公司每年在以业务量提高50%的速度发展，这么快的发展源于它能够快速找准客户。虹雨物流公司将潜在客户划分为A、B、C、D四类，根据客户类型的不同，按对其分析提供不同的物流服务，在进行客户开发时严格遵守相应的规章制度，并且企业拥有一套完整的客户开发流程，有助于公司利润的增长、公司知名度的提高。

知识探究

正确认识客户，正确认识潜在客户。

在所有与物流企业有关的人中，客户是最重要的。客户对物流企业的发展有着巨大的影响，即为物流企业创造竞争优势、提供收入、提供学习与创新的机会并创造市场价值，所以客户及其需求是物流企业的生存之本，是物流企业发展和繁荣的媒介。

潜在客户是指既能因购买某种推销的商品而获得价值又有支付能力来购买这种商品的个人或组织。潜在客户必须具备两个基本条件：一是购买商品的个人或组织能从所购买的商品中获得好处或价值；二是不管个人或组织对推销的商品有多么强烈的需求和欲望，也不管该商品能给他们带来多大的利益和价值，他们必须具有购买该商品的能力。

一、物流企业客户开发策略："拉"的策略

在今天这个时代，客户是最重要的资产，是物流企业收入的主要提供者，他们有很多选择，无论满意不满意，都没有必要对任何企业及产品保持忠诚，所以客户很容易流失。而忠诚的客户是最能带来利润的，也是最值得公司管理者关注的。管理物流企业实质上是在管理一个客户关系的组合，而不是在管理一个产品组合或者资产组合。那么，忠诚的客户是如何挖掘的？这需要认识与开发潜在客户并积极有效地去发展并保持这种客户关系的长久，最终使企业的价值最大化。

（一）适当的服务

客户永远希望企业予以自己格外的关心。一旦客户购买企业的服务，客户对企业的信任就开始兑现，但客户不可能对企业一生一世信任，当客户有一次信任的行为，企业就应该与客户建立密切的关系，否则客户就没有向企业表达信任的机会。好的服务是永远优先考虑客户利益的，从长远来看，只有客户取得成功，才能源源不断地购买服务；如果客户失败了，也就表明服务销售会受到影响。

服务的完美性对物流企业来说是一种追求，对客户来说是一种要求。物流企业不能以任何借口来剥夺客户对服务的斤斤计较。产品的瑕疵可以用提供附加服务价值的方法来弥补，但有瑕疵的服务没有别的东西可以弥补。服务的价值不在于越多越好，而在于恰到好处地满足客户的需要，过度的服务对客户是一种负担，对物流企业是一种浪费。企业应该结合自己的产品特点和优势，仔细选择资料中的客户，挑选出可能适合自己的客户群。

（二）适当的价格

价格是指企业出售产品或者服务所追求的经济回报。价格对客户而言，不是利益的载体，而代表一种牺牲，因此，价格既可能表达企业对客户的关心，也可能给客户以急功近利的感觉。

客户购买产品或服务时一般都有一个期望价格，当市场价格高于期望价格时，就会有更多的客户放弃购买这个产品或减少购买量。而当市场价格低于期望价格时，客户又可能产生怀疑而不购买——认为便宜没好货。特别是当客户不能客观地鉴别产品质量且这种产品又涉及他们的形象和威望时，就会把价格当作一个质量标准，认定只有贵的产品才是好的产品。可见，定价太高、太低都不行。

价格的合理性对客户来说，始终是关注的因素，客户在一定条件下可以减少对价格的计较，但前提是有足够的其他价值使客户获得特别回报。适当的价格应该是符合客户期望的价格，不是越高越好，更不是越低越好。价格是寻找合适客户、稳定合适客户、增加企业收入的杠杆。适当的价格就是指企业应当根据产品或服务的特点，以及市场状况和竞争状况，为自己的产品或服务确定一个对客户有吸引力的价格。物流企业通过价格吸引客户的策略如下。

1. 组合定价

组合定价即先为一个服务的销售定低价，以此吸引客户购买，然后通过客户以相对高价或者正常价购买同系列的其他“互补”服务来获利。

2. 低价策略（折扣定价）

低价策略即企业用较低的价格来吸引客户购买。

（1）现金折扣（付款期折扣）。

现金折扣的目的在于鼓励购买者尽早付款以加速物流企业资金周转。购买者如以现金付款或提前付款，可以在原价格的基础上享受一定的价格优惠折扣。

（2）数量折扣。

数量折扣即对大量购买的客户给予一定幅度的折扣。

（3）价格折让。

价格折让即为吸引老客户重复购买而采取的折扣价。

3. 高价策略（声望定价）

物流企业利用客户仰慕名牌服务或著名公司的声望所产生的某种心理来制定服务价格，故意把价格定成整数或高价，以显示其服务或企业的名望。因为客户有崇尚名牌的心理，往往以价格判断服务质量，认为高价格代表高服务质量。

高价策略尤其适合对有声望需求的服务的定价。

4. 差别定价

（1）地点差别定价。

物流企业对处于不同位置或不同地点的服务制定不同的价格，即使每个地点的服务成本是相同的。

（2）消费时间差别定价。

指按照不同的时间，如不同的季节、不同的时期、不同的日期、不同的钟点来制定不同的价格，达到吸引客户、刺激消费的目的。

（3）客户差别定价。

客户差别定价是指针对不同类别的客户制定不同的价格，以吸引特定类型的客户群。

（4）速度差别定价。

速度差别定价是指根据运输速度差别对同一服务制定不同的价格。

5. 招徕定价（牺牲定价）

招徕定价是利用部分客户求廉的心理，将某种服务的价格定得较低以吸引客户，而客户在接受了廉价服务后，往往会选购其他正常价格的服务，从而促进企业的销售。

6. 关联定价

关联定价是指企业对其关联企业的客户的消费实行优惠价，当然这种优惠是相互的，互惠互利。

7. 结果定价

结果定价方法可以降低客户的风险，对客户有吸引力，尤其是当高质量的服务无法在削价竞争的环境中获取应有的竞争力，以及物流企业提供的服务的效果是明确的、有把握的、可以保证的时候，特别适合使用。对客户来说，服务的价值取决于使用或消费的效果，因此，物流企业可以根据服务效果进行定价，即保证客户得到某种效用后再付款，这有利于吸引客户放心地购买或消费。

（三）促销

1. 促销的原则

（1）明确促销的主要目的是唤醒潜在客户，提高人们对产品的认知程度。

（2）用正确的、不会让客户产生误解的表达方式将促销信息传达给客户。

（3）针对促销目标对象，选择传达信息的载体。如在广播、互联网等上发布广告或采用人员推广的方式。

（4）将广告、人员销售、宣传推广、销售促进这四个基本的促销形式组合使用。

（5）一定要对促销活动的反馈进行跟踪。最好的是实现了产品的大量销售；其次是客户对企业的产品产生了一定的偏好；最不理想的是客户既不购买产品，也没有对产品改变态度。对成功的、失败的促销策略都要总结。

（6）在促销过程中发现错误要及时改正。

2. 促销的方法

为了吸引客户，可以采取以下的促销方法：

（1）服务展示应把握展示重点。

为了给客户展示能够为他们做什么，一方面必须培养自己对客户需求的灵敏意识，另一方面必须通过证据说服客户。

1）找出满足客户需求的销售重点。

2）准备针对销售重点的证据，包括：实物展示、专家的证言、视角的证明（照片、图片、服务目录都具有视角证明的效果）、保证书。

（2）提供系统信息服务。

通过定期提供关于公司以及相关活动的信息，可以加强与客户之间的联系，帮助客户了解服务及公司，从而吸引客户。

1）每月发行公司期刊，报道关于最新市场趋势和对客户有用的信息。

2）由公司向客户发出快报，以1～3页的篇幅提示有价值的知识，在上面可介绍优惠服务或特别的活动。

3）利用音频、视频介绍新知识，如高附加值的科技知识、专家讲座等。

（3）举办活动。

1）在自己公司举办展览，可在不受竞争者干扰的情况下介绍、推销自己的服务，也是赢得新客户的极佳机会。

2）选择一个开放日让客户参观公司，不但有机会介绍自己的公司，而且可加强与客户的关系。

3）为客户提供免费的相关信息课程，或以优惠价格邀请客户参加相关研讨会。

4）定期举行客户研讨会，并邀请专家演讲，并让参加者有机会交流经验。

二、物流企业客户开发策略：“推”的策略

所谓“推”，就是物流企业通过积极的人员推销形式，将目标客户开发为现实客户的过程。“推”的策略是企业在自己的产品、价格和促销手段没有明显特色或缺乏吸引力的情况下，采取的引导或者劝说客户购买的行为。因此，依靠“推”的策略完成客户开发，一方面要寻找到目标客户，另一方面要想办法接触并说服目标客户购买。

（一）寻找客户

任何人都可能成为企业的客户，但不一定是合适的客户。如果将不合适的客户当作合适客户甚至关键客户，结果可能有两种：一是缩小客户范围，将本来是合适的客户拒之门外，人为地使企业丧失市场份额，甚至丧失市场机会；二是过泛的客户定位使企业不能集中优势为关键客户和合适客户提供完善服务，造成资源浪费，更可怕的是可能失去市场机会和企业竞争力。

1. 寻找潜在客户

（1）缘故法：通过以往的人际关系网来寻找客户群以达到拓展业务的方法。

方式：列出所有认识的人及其所在单位的业务范围；通过会议寻找，即利用参加会议的机会，与其他与会者建立联系，直接、间接地寻找客户。

（2）介绍法：通过别人对有意向的单位介绍，做到有针对性地发展业务。

方式：

1）名人介绍，即让名人成为自己的客户，然后利用其影响力的“中心开花法”；

2）连锁介绍法，即通过老客户介绍新客户的方法。

（3）信函寻找法：以邮寄信函的方式来寻找客户的方法。

优点：覆盖的范围比较广，可传达的信息比较多，涉及的目标客户数量比较多，成本较低。

缺点：时间较长，除非产品有特殊的吸引力，否则回复率较低。

方式：向目标客户寄送服务目录、宣传单、插页等，介绍公司的服务以及订购和联系的方式。

（4）短信寻找法：通过发送短信息来寻找客户的方法。

优点：省去打电话的客套和迂回，方便、快捷；价格低廉，能够打破地域限制；发出的信息只要不被删除，会一直保留在客户的手机上，起随时提醒的作用；客户可以就一些感兴趣的问题进行交流。

缺点：受目前虚假诈骗短信的影响，可信度较差；另外，有的客户对无关短信很反感。

（5）直接开拓法：未事先了解客户，通过直接向客户介绍业务优点来让客户接受的方法。

方式：

1）依路线、区域、单位进行开拓；

2）寻找机会随时开拓；

3）问卷辅助开拓法；

4）DM 法；

5）广告搜寻法；

6）资料寻找法，如工业企业名录、商标公告、产品目录、统计年鉴、电话号码簿等。

（6）创意开拓法：根据客户的业务情况，为客户提供较有创意的方法，以实现客户发展为标准，赢得客户对企业的信任。

（7）网络寻找法：借助互联网宣传、介绍自己的服务从而寻找客户的方法。随着上网人数的日渐增多，物流企业很容易在网络上找到客户，因此网络寻找法前景广阔。

优点：方便，快捷，信息量大，成本低。

缺点：受到网络普及、上网条件以及网络诚信的影响。

方式：

1）根据自己的经营范围登录专业网站，浏览国内外的需求信息，并与这些有需求的客户联系，或在网上发布供应信息，吸引客户，进而积累客户资源。

2）物流企业可以自建网页，吸引和方便潜在客户主动与自己联系。

（8）行业开拓法：根据目标市场的情况，阶段性选择某一行业进行细分性业务开展的方法。

优点：针对性强，容易细分。

(9) 咨询寻找法：利用信息服务机构所提供的有偿咨询服务来寻找目标客户的方法。

优点：方便快捷，节省时间。

缺点：咨询机构的可靠性很难判断，成本比较高——咨询机构都是有偿服务。

(10)“猎犬”法：又称委托助手法，指委托与目标客户有联系的人士协助寻找目标客户的方法。

优点：

1) 可节省推销人员的时间，使其把精力用在重点推销的对象上。

2) 有利于捕捉有效信息，扩大信息情报网，甚至可利用职业的关系以第三者的公正形象出现，说服力更强。

3) 在地域辽阔、市场分散、交通通信不发达、供求信息比较闭塞的地方，利用推销助手既可及时获得有效的推销情报，开拓新的推销区域，又可以降低推销成本，提高经济效益。

缺点：助手的人选不易确定，而确定适当的助手是该方法成功的关键。

2. 寻找合适客户

合适客户的准确定位可以有效地提高企业绩效，降低服务成本。

(1) 通过行为判定合适客户。

最佳客户是指经常对企业微笑，喜欢企业的产品或服务，使企业有生意可做的那些客户，是企业希望的回头客。好的客户会这样做：让企业做自己擅长的事；认为企业做的事情有价值并愿意买；通过向企业提出新的要求来提高企业的技术或技能，增加知识，充分合理利用资源。与好的客户相反，别的客户会这样做：让企业做那些做不好或做不了的事；分散企业的注意力，使企业改变方向，与企业的战略和计划脱离；只买很少一部分产品，使企业消耗的成本远远超过企业可能带来的收入；要求很多的服务和特别的注意，使企业无法把精力放在更有价值且更有利可图的客户身上；尽管企业已尽了最大努力，但还是不能让客户满意。

(2) 对客户等级进行评定。

通常的方法是根据客户消费量的大小来划分，这是一种非常实用和可靠的方法。但这种方法是一种结果分析方法，只有在客户为企业作出贡献之后才会被确定为关键客户。在没有竞争对手的情况下，这是一种好方法，但在竞争环境下，这种方法会因服务不周而失去关键客户。

（二）接触客户

同客户做的每笔生意，都有可能提高或毁坏公司的信誉。“真相瞬间”概括了这样的原理，即客户是通过他们所见的部分去判断整个经营情况的。因此必须找出所有与客户接触的环节，保证这些环节都能有效地提供所需的服务。

1. 面对面接触

服务质量高的公司认识到培训只会提高原本就有的才能，所以更愿意在招聘上多花钱，聘用人际关系能力强的人来同客户打交道。公司不应依赖限制性的规章和程序，而要通过激励和以身作则使员工产生良好的服务态度。

(1) 面谈前的准备。

1) 客户资料的收集、分析、整理：做到知己知彼、百战百胜。

2）电话约访、路线安排：实现良好时间效益，争取更多的客户。

3）着装、服饰：给客户良好的第一印象，赢得客户的好感，容易促进业务的交谈。业务员的形象将代表着公司的形象，可得到客户对公司业务的信任。

4）展示工具：将需要展示给客户的资料准备齐全，达到系统的专业展示。

5）心态准备：树立信心，相信一定能成功，但同时做好受挫准备。

（2）面谈中的注意事项。

1）安排座位：主动安排座位，制造与客户面对面座谈的气氛。

2）介绍公司或推荐人。

3）适当地提问。

提问题的好处如下：能控制气氛；能看出客户是否合作；了解客户需求、意见；能建立信赖感；能节省时间；吸引客户的注意力；可显示自己的专业及能力。

提问的要领如下：

A. 避免使用专业性术语或俚语。

B. 问题宜直接简单，一次只谈一个观点。

C. 问题需正面，不具威胁性。

D. 若问敏感问题，应先解释原因并告知对准客户有何益处。

E. 不要强迫准客户回答。

F. 营造一种咨询气氛。

G. 站在准客户的立场问问题。

4）注意双向沟通。采用倾听来增加对客户的了解，摸清客户的思想，而且倾听是良好会话的基础。

5）在双向交流中，若发现客户的需求动向，应主动提出方案供客户选择。

6）在与客户沟通过程中，若发现客户有合作意向，应主动要求客户签署合作协议。

2. 电话接触

选一个容易记忆的电话号码，对电话候答时间规定一个标准（通常是三响之内必须接起），并加以监督。联络时让客户尽可能少费周折，最理想的是不需转拨电话。对所有进行电话接触的人员进行电话应答技巧培训，不要让客户对其电话应答存有疑虑。

3. 书面接触

接收信件及发货单同面对面接触一样，也是“真相瞬间”。一定要使公司的标志醒目，把单据规格做得高一些，用个人名义进行联系。

人们对所有公司的能力进行判断时，依据之一是其反应是否快捷。必须使客户能够又快又方便地同有关人员取得联系。客户们都希望只打一次电话或只写一封信，就能使他们的问题很快得到处理。

三、 客户开发的岗位职责

文档管理员的职责如表 3－1 所示，客户开发专员的职责如表 3－2 所示，客户开发经理的职责如表 3－3 所示。

表 3-1　　文档管理员职责

部门：客户开发部	岗位名称：文档管理员	
直接主管：		
职责范围 按重要顺序依次列出每项职责及其目标	负责程度 全责/部分/支持	考核指标 质量效率
1. 负责部门工作手册及其他质量文件的收集、整理、归档、使用、保管，并保证文件保管安全。 2. 及时填写部门《文件最新状况一览表》，报质管部备案。 3. 负责部门质量文件的发放/回收、借阅/复制、作废/销毁，并做好相应的记录。 4. 负责其他资料的收集、整理。 5. 设备管理。	全责	实施率
完成上级领导交办的其他工作	部分	实施率

编制日期：　年　月　日

表 3-2　　客户开发专员职责

部门：客户开发部	岗位名称：客户开发专员	
直接主管：		
职责范围 按重要顺序依次列出每项职责及其目标	负责程度 全责/部分/支持	考核指标 质量效率
1. 收集反馈市场信息，辅助市场调研工作；负责收集宏观信息，以及行业市场发展、市场竞争格局等信息。 2. 组织、实施促销活动。 3. 根据客户需求制定产品策略，长期周到地为客户提供全方位的服务，及时跟踪、开发目标客户。 4. 支持重点客户的市场拓展。 5. 积极开发新客户，拓展客户开发的渠道。 6. 协助客户开发经理制定客户开发方案，并提出合理化的建议。 7. 制定针对每一位客户的开发策略并有效实施。 8. 认真履行合同、落实承诺、加深合作。 9. 负责事业部业务开发、推广与维护。 10. 负责项目策划方案的执行。	全责	实施率
完成上级领导交办的其他工作	部分	实施率

编制日期：　年　月　日

表 3-3　　客户开发经理职责

部门：客户开发部	岗位名称：客户开发经理	
直接主管：		
职责范围 按重要顺序依次列出每项职责及其目标	负责程度 全责/部分/支持	考核指标 质量效率

1. 根据企业业务特点确定新客户开发范围，制定客户开发措施。 2. 负责大量新客户以及客户名单的拓展和业务的开发以及合作资源的维护和开发。 3. 负责本部门客户开发、客户回访，定期向客户总监汇报工作状况和进展情况。 4. 独立开发客户，具有较强的沟通能力，为客户提供高质量、专业的服务。 5. 拜访目标客户群、收集客户信息、维护客户资料。 6. 协助完成其他部门需要配合的工作。 7. 对客户开发专员与客户签订的合同进行审核、审批。 8. 监督、考核客户开发专员的工作，及时发现问题，及时解决。 9. 建立合理的客户开发奖励制度，激发客户开发专员的工作积极性。 10. 主动积极，具备较强的学习能力和处理多种事务的能力。 11. 对客户的状况进行评估，对合作前景进行预测，适时提出解决方案。 12. 具有巧妙保护创意的能力。	全责	实施率
完成上级领导交办的其他工作	部分	实施率

编制日期：　年　月　日

拓展任务

1. 物流企业制定客户开发策略时应该从哪几方面分析？
2. 物流企业各岗位的客户开发职责有哪些？

任务二　物流企业客户开发流程和业绩考核

案例导入

富日物流于2001年9月正式投入运营，注册资本为5 000万元，目前已成为杭州最大的第三方物流企业之一。富日物流的主要客户包括大型家用电器厂商、酒类生产企业、方便食品生产企业和其他快速消费品厂商。国美电器、永乐家电等连锁销售企业和华润万佳等连锁超市也与富日物流达成了战略合作关系。这样快速的发展源于富日物流在一开始就建立了一套完整的客户开发流程，对客户有明确的定位，并且全面掌握客户信息，并对此流程不断地进行优化。与此同时，富日物流注重员工，建立了完善的员工业绩考核制度，使员工能够积极主动地进行工作。

知识探究

一、客户开发流程

1. 一般调查

（1）让候选客户向本公司提交企业沿革、企业概况、最新年度决算表等文件。

（2）与新客户的负责人交谈，进一步了解其对本公司的基本看法。

（3）本公司技术和质量管理部门负责人与新客户负责人进一步商洽合作事宜。

2. 实地调查

根据一般调查的总体印象作出总体判断，衡量新客户是否符合下述基本原则：

（1）新客户必须达到较高的经营水平，具有较强的财务能力和较好的信用。

（2）新客户必须具有积极的合作态度。

（3）新客户的成本管理和成本水平必须符合本公司要求。

（4）新客户必须遵守双方在商业上和技术上的保密原则。

在此基础上，客户开发部会同公司其他部门对新客户进行实地调查，调查结束后，提出新客户认定申请。

3. 开发选择认定

（1）提出认定申请报告。

根据一般调查和实地调查结果，向市场主管正式提出新客户选择申请报告。该报告主要包括以下项目：

1）与新客户交易的理由及今后交易的基本方针。

2）交易目录与金额。

3）调查资料与调查结果。

（2）签订服务合同。

与所选定的新客户正式签订服务合同。

（3）签订质量保证合同。

与服务合同同时签订的还有质量保证合同，其签订者与服务合同相同。

4. 设定新客户代码

为新客户设定代码，进行有关登记准备。

5. 其他事项

将选定的新客户的基本资料递交本企业相关部门；确定服务款的支付方式；将新客户有关资料存入客户信息库。

二、新客户分析

在开发每一个客户之前都必须首先了解客户，知道客户的优势和劣势以及可利用的资源，这样有利于更全面地了解并迅速开发其潜在需求。分析的主要内容有：

(1) 客户的类型——可以合理分配公司的资源；

(2) 客户的净利润率——可以衡量整个公司的收益状况；

(3) 客户的资产回报率——可以比较客户的投资与收益，并用来评估客户公司的管理水平；

(4) 回款周期——可以衡量客户公司内部的现金是用来偿还贷款还是作为流动资金来使用；

(5) 存货周期——可以衡量客户的销售能力或实际使用量，看出其现金流动的速度。

调查和分析客户是客户开发部门的中心工作。如果选择客户失误，将给公司带来很大的损失，包括人力资源和物流配送的浪费、应收款的危险等问题。当然，客户状况需要了解的内容还有很多。

三、客户开发业绩考核

首先，业绩管理工作不是一种单纯的数据统计工作，而是对客户开发人员拜访客户、销售业绩等方面的原始资料进行综合统计和研究的工作。

其次，业绩管理工作不是对个人绩效的单纯统计工作，而是一项与部门绩效有不可分割的联系的整体性统计工作。

具体考核要求如下：

(1) 以自然月为周期进行考核。

(2) 绩效考核工资占基本工资的20%。

(3) 考核项目：日常考核+业绩考核+行政考核。其中日常考核的考核内容包括有效客户拜访量、新开发客户数量、每天电话拜访量等。业绩考核和行政考核的内容根据各岗位职责确定。

拓展任务

1. 简述物流企业客户开发流程。
2. 物流企业业绩考核要注意哪些方面？

实训练习

基础练习

1. “不求客户多，而求客户精”体现客户开发的什么原则？(　　)

A. “多赢”的原则　　B. “求精勿滥”的原则

C. “当断即断”的原则　　D. “流水不腐”的原则

2. 下列属于客户开发经理的岗位职责的是（　　）。

A. 制定客户开发措施　　B. 负责物流行业信息收集、分析和市场调研

C. 客户订单管理　　D. 物流企业客户开发成本的管理

3.（　　）是由当地物流市场中存在的不同类型的物流企业构成的。

A. 物流组织　　B. 物流规模

C. 物流协会　　D. 物流市场构成

答案： 1. B　2. A　3. D

拓展任务

物流企业选择何种客户开发策略，取决于很多因素，如当地物流市场成熟度、当地物流环境、消费者习惯等。

1. 分析物流市场

物流企业在开发客户时，首先应该对客户所在地区的物流市场进行分析，了解当地的物流市场规模和当地物流市场的构成。物流市场规模是指当地每年的物流需求总量。

2. 选择目标市场

企业估计每个细分市场的吸引力程度，并选择进入一个或多个细分市场。

3. 对客户的分析

客户是物流企业服务的主要对象，只有对客户进行正确的分析之后才能制定出适合客户也符合物流企业自身特点的策略。对于物流企业而言，只有对自身产品有需求的客户才是真正的客户，在进行客户群体分析时，要明确哪些客户是重点开发客户。

4. 物流产品的分析

物流产品的定位分析，是指对物流产品在整个物流市场所处的层次进行分析，如是全国性物流还是地方性物流，是以服务于零售业为主还是餐饮业为主，是运输型物流公司还是仓储型物流公司。

任务	请阐述应从哪些方面进行分析，以帮助企业确定合适的开发策略
完成时间	1 学时
任务目标及要求	熟练运用物流企业客户开发的相关内容进行探讨
研讨内容	物流企业客户开发的流程，需考虑的内容，等等
研讨成果	需依据所学知识得出相关结论，有理有据即可
讨论过程	分小组讨论
自我角色	组长、组员
评价	分别由其他小组及老师打分

项目四 物流企业客户关系的建立

问题引入

星巴克成功的重要因素是它视“关系”为关键资产，公司董事长舒尔茨一再强调，星巴克的产品不是咖啡，而是“咖啡体验”。与客户建立关系是星巴克战略的核心部分，它特别强调的是客户与“咖啡大师傅”的关系。每个“咖啡大师傅”都要接受培训，培训内容包括客户服务、零售基本技巧以及咖啡知识等。“咖啡大师傅”需预测客户的需求，并在解释不同的咖啡风味时与客户进行目光交流。星巴克也通过反馈来增强与客户的关系。每周星巴克的管理团队都要阅读原始的、未经任何处理的客户意见卡。星巴克鼓励授权、沟通和合作。星巴克公司总部的名字为“星巴克支持中心”，这表示对于那些在星巴克店里工作的“咖啡大师傅”们来说，公司管理层的角色是为他们提供信息与支持。

问题:

1. 客户信息调查与管理的主要内容包括哪些?
2. 如何实现对客户的分级管理?

任务导读

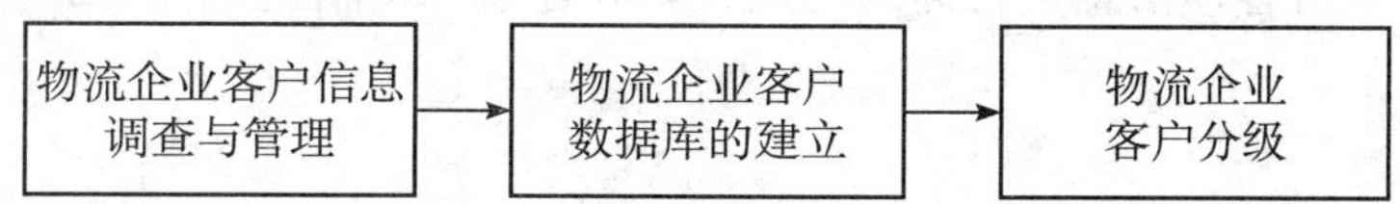

学习目标

知识目标:

1. 掌握对客户信息调查与管理的方法。
2. 掌握客户数据库的建立。
3. 掌握如何对客户分级。

能力目标:

能够依照所掌握的知识对客户进行识别，按照一定的规则对客户进行细分，选择不同的对客户进行分级管理的方法，对客户进行调查与管理并学会熟练运用客户数据库进行客户管理。

任务一　物流企业客户信息调查与管理

案例导入

香港金日集团在东南亚素有“西洋参之王”的美称。金日集团的客户服务部建立了金日产品的客户数据库，通过客户反馈信息发现真实情况与原来的主观判断存在较大偏差。其中，客户陈述症状最多的是头晕、失眠、记忆力减退，而金日产品对头晕、失眠、胸闷、记忆力减退、头痛、嗜睡等症状效果明显，但是客户对产品“耐缺氧”“抗氧化”的宣传完全不理解。为此，金日集团调整了市场定位——淡化了目标消费群的性别区别，将其定位为“中老年人的保健品”，增加了“延缓衰老”的功效诉求，停止宣传“耐缺氧”“抗氧化”的功能，集中宣传对“胸闷、心悸、头晕、失眠、心慌、气喘、疲劳、体虚”八大症状的疗效。据调查，金日产品重新定位后就取得了良好的业绩，几年下来已成为相关领域的领导品牌。

知识探究

对于客户关系，企业首先要了解哪些客户可以成为自己的忠实客户，而哪些客户只是偶然客户。任何与客户打交道的员工都要全面了解客户关系，根据客户需求进行交易，了解如何对客户进行纵向和横向销售，记录自己获得的客户信息。

对不同类型的客户可以实施不同的管理方式，可以将物流企业有限的精力放在有价值的客户身上。物流企业实施不同的客户关系管理方式的前提就是了解自己的客户，而要做到这一点，首先要对客户信息进行详细的调查，并建立客户信息数据库，对客户信息进行系统的管理。

一、客户信息调查的必要性

进行客户关系管理之前先要对客户的信息进行调查，只有在了解客户信息的基础上才能正确地分析客户对企业的价值，这是企业对客户进行管理的基础。具体而言，进行客户信息调查的必要性如下。

（一）客户信息是客户分级的基础

物流企业只有搜集全面的客户信息，特别是与企业的交易信息，才能够知道自己有哪些客户、分别有多少价值，进而识别出哪些是优质客户、哪些是非优质客户，哪些是贡献大的客户、哪些是贡献小的客户，最终根据客户带给企业价值的大小和对企业贡献的不同，对客户进行分级管理。

（二）客户信息是企业决策的基础

信息是决策的基础，企业要想维护与客户的关系，了解市场需求，对市场的变化作出及时的应对，就必须充分掌握客户的信息，并要像了解自己的产品或服务那样了解客户，像了解库存的变化那样了解客户的变化。任何一个物流企业总是在特定的客户环境中经营发展的，有什么样的客户环境，就应有与之相适应的经营战略和策略。物流企业如果对客户的信息掌握不全、不准，就会判断失误，决策偏差，无法制定正确的经营战略和策略，并可能失去已经建立起来的客户关系。所以，企业必须全面、准确、及时地掌握客户的信息。

（三）客户信息是客户满意的基础

在竞争激烈的市场上，物流企业要满足现有客户和潜在客户及目标客户的需求、期待和偏好，就必须掌握客户的需求特征、交易习惯、行为偏好和经营状况等信息，从而制定和调整营销策略。了解客户信息可以实现以下功能。

1. 实现客户忠诚

物流企业只有掌握详尽的客户信息，才能在把握客户需求特征和行为爱好的基础上，有针对性地为客户提供个性化的产品或者服务，满足客户的特殊需要，从而提高客户满意度。这对保持良好的客户关系、实现客户忠诚将起到十分重要的作用。

2. 防止客户流失

物流企业如果能够及时掌握客户对企业产品或服务的抱怨信息，就可以立即派出得力人员妥善处理和解决，从而消除客户的不满；如果能够及时发现客户所订的服务持续减少的信息，就可以赶在竞争对手之前去拜访该客户，并采取必要措施进行补救，从而防止客户的流失。

3. 使客户对企业产生依赖感

使客户对企业产生依赖感也是实现客户关系管理的一个有效方式，客户对物流企业产生了依赖感就会在产生需求时直接联想到该企业，企业也就实现了其销售的目的。使客户对企业产生依赖感的方式有很多，如在客户的某个纪念日送上适当的礼物、折扣券、贺卡或电影票，或在客户为某业务犯难时，寄一份相关资料给客户，这些都会给客户带来意外的惊喜，从而使客户对企业产生依赖感。

（四）客户信息是客户沟通的基础

大众营销、大众广告、大众服务都不能实现有针对性地与客户沟通，实际上还扩大了物流企业与客户之间的距离。随着市场竞争的日趋激烈，客户情报越显珍贵，拥有准确、完整的客户信息，既有利于了解客户、接近客户、说服客户，也有利于与客户沟通。

物流企业如果能够掌握详尽的客户信息，就可以进行“一对一”的沟通，根据每个客户的特点，有针对性地实施营销活动，如发函、打电话或上门拜访，从而避免大规模的高额广告投入，使企业的营销成本降到最低点，而成功率却达到最高点。一般来说，大面积地邮寄宣传品的反馈率只能达到2%～4%，但是，在了解客户“底细”的基础上经过筛选，有针对性地邮寄宣传品，反馈率就可以达到25%～30%。

二、客户关系管理信息分类

在了解客户信息前，先了解一下客户关系管理中的信息有哪些类型。

（一）按信息利用难易程度分

客户关系管理中的信息，按信息利用难易程度可以分为三大类型。

1. 基本信息

基本信息是客户信息中的主要信息，占有很大的分量，是最原始的一类信息，同时还是经营决策的主要依据。基本信息通常是企业与客户打交道时保留下来的，如商品的购买时间、地点、数量、品种等。

这些基本数据大多是数字数据，即使是文本也往往用数字（序号）替代，所以这类数据在组织方面要容易些。不过物流企业在实施时必须一开始就制定详细的数据收集策略，尽量包含客户多方面的信息。除了客户购买商品时的交易信息外，基本信息还应包含客户的基本情况（静态资料）及消费情况（动态资料）。这些信息包括客户的家庭住址和电话、家庭成员、所受的教育程度及其收入等家庭基本情况和地区环境情况等静态资料，以及客户历次消费信息、投诉信息、客户信用度等动态的数据资料。

国外企业在实施CRM中普遍采取两种做法：一是将CRM与SFA相结合；二是将CRM与数据库相结合。成熟的企业往往将两种做法结合，即利用SFA软件包来管理销售周期所产生的数据，然后将其中的数据传给决策支持数据库，作为售前和售后销售数据及长期客户数据管理。同时，将这些销售数据和其他数据（如外部统计、账单、市场研究数据等）相结合，建立丰富的客户资料库。

2. 统计信息

这类信息是依据原始的基本信息，通过统计对基本信息进行提炼，进一步汇总和统计后得到的信息，主要是各类报表。统计的方式与方法与信息使用的目的相关。

统计信息具有以下特点：

（1）它是二次信息或三次信息，是从原始信息中获取的有一定针对性的信息，其准确程度依赖于原始信息及算法。在一般情况下，可通过算法来减小系统的误差。

（2）该类信息的目的性很强，使用人员有一定的限制，往往局限于决策层。

统计信息虽然在客户信息中所占比重不大，但信息的“含金量”却很高，在企业中因属较高的商业机密，所以对该类信息要注意保密，特别是在企业内部信息共享时要防止外界的窃取。

3. 文本信息

文本信息对企业非常有用。文本信息没有一定结构，信息量比较大。对于这类信息，可以将其分为两个部分，一部分可以量化或编号，另外一部分不可量化。

客户关系管理数据库应包括的文本信息内容主要有市场调研报告、客户意见反馈、分析报告及一部分基本信息等。在客户关系管理系统中，没有一定结构的文本信息是很难查询和分析的，这要求公司根据事物的本质属性转换文本。具体可分为语法信息、语义信息和语用信息三个层次，或将不同层次的不同信息组织方法综合起来加以利用。对企业而言，文本信息所蕴含的内容比数字信息要大得多，几乎不需要进行处理即可使用，但当信息量越来越大的时候，如何进行查询从而获得自己所需要的信息，是对每个企业严峻的考验。

（二）按来源分

客户关系管理的信息，按来源可以分为内部信息和外部信息。

1. 内部信息

CRM 的内部信息可以反映企业目前客户业务运作的基本状况，它主要指企业内部产生的各种信息，包括生产、销售和财务等方面。CRM 的内部信息一方面作为经营决策时分析内部条件的依据，另一方面作为一种主要的监控工具，监控企业的业务流。这些信息主要是一些初级信息，是企业最基本的信息。

CRM 的内部信息主要包括：

（1）技术信息：指有关产品的技术基础的信息，主要是业务过程中所涉及的基本规格指标和技术参数。

（2）销售信息：是企业信息结构的最重要的组成部分，主要是订单、装运、应收款账单和销售报告等一系列销售信息。

（3）生产信息：主要是反映订单生产过程的信息。

2. 外部信息

外部信息和内部信息都是相对于企业的范畴而言的。外部信息主要指在企业以外产生但与企业业务相关的各种信息，如市场需求信息、竞争企业信息等。其主要职能是为其他部门特别是销售部门提供客户信息，在经营决策时作为分析企业外部条件的依据。确定企业发展的中长期战略目标和计划时更需要充分的外部信息。

CRM 的外部信息主要包括：

（1）客户信息：包括企业客户的基本情况和潜在客户的分布状况，客户的主要特点和对客户的支付能力、信用等级等方面的测评。

（2）市场需求信息：可以反映商品供需关系和发展趋势，主要由以下三方面组成：购买力信息，反映了社会购买能力，如客户的规模大小与经营情况、客户的所有制、客户的分布规律等；购买动机信息，反映产生购买动机的各种原因，包括各种需求等；潜在需求信息。

（3）竞争信息：主要反映市场竞争状况，对企业制定正确的经营对策具有十分重要的作用。它包括：市场分布信息，反映市场的基本结构以及各种产品的市场占有率；竞争对手的基本情况，如竞争对手的数量、地域分布、业务规模与能力、资金情况、技术水平与装备、价格、市场占有率、经营策略与手段、服务情况等信息。

三、客户信息调查的方法

客户信息调查的方法分为观察法、问卷法和实验法。

（一）观察法

观察法是指通过直接观察取得第一手资料的调查方法。调查人员直接到商店、订货会、展销会、消费者比较集中的场所，借助照相机、录音机或直接笔录的方式，身临其境进行观察记录，从而获得重要的市场信息资料。

观察法的优点是可以客观地收集资料，集中了解问题。不足之处在于许多信息是观察不到的，如被调查者的兴趣、偏好、心理感受、购买动机、态度、看法等。

（二）问卷法

问卷法是指通过设计问卷的方式向被调查者了解市场情况的一种方法。按照问卷发放的途径不同，可分为当面调查、网络调查、电话调查、留置调查四种。

调查问卷是管理咨询中获取信息的一个常用方法。调查问卷从短小的表格到详细的说明可以有不同的规格和多种样式，可以用来收集有关参与者态度的主观性数据，也可以用来收集咨询项目的分析数据。如何设计问卷使其能够恰当、高效地满足多种目标，显得极其重要。

（三）实验法

实验法是从与所调查问题有关的许多因素中，选出一个或两个因素，将它们置于一定条件下进行小规模实验，然后对实验结果作出分析，研究其是否值得大规模推广。

四、客户调查的内容

企业通常会接触到两类顾客：个人性质的客户和企业性质的客户。对不同性质的客户，调查的信息不同。下面就两种不同的客户阐述其所需调查的信息。

（一）个人客户的信息调查

个人客户的信息调查可包括以下几个方面的内容。

1. 基本信息

包括：姓名、户籍、籍贯、血型、身高、体重、出生日期、性格特征、身份证号码、家庭住址、电子邮箱、所在单位的名称、职务、单位地址、电话、传真等。

2. 受教育情况

包括：高中、大学、研究生的起止时间，最高学历，所修专业，等等。

3. 事业情况

包括：以往就业情况（含单位名称、地点、职务、年收入），在目前单位的职务、年收入及对目前单位的态度，对事业的态度、长期事业目标、中期事业目标、最得意的个人成就等。

4. 家庭情况

包括：已婚或未婚，配偶的姓名、生日、受教育情况、兴趣专长及嗜好，有无子女，子女的姓名、年龄、生日及受教育程度，对婚姻的看法、对子女教育的看法等。

5. 生活情况

包括：过去的医疗病史、目前的健康状况、是否喝酒（种类、数量）、对喝酒的看法、是否吸烟（种类、数量）、对吸烟的看法、喜欢的用餐地点、喜欢的菜肴、对生活的态度、是否有座右铭、休闲习惯、度假习惯、喜欢的运动、喜欢聊的话题、最喜欢的媒体、个人生活的中长期目标。

6. 个性情况

包括：曾参加过的俱乐部或社团、目前所在的俱乐部或社团、是否热衷政治活动、宗教信仰情况、喜欢看的书、忌讳的事、重视的事、是否固执、是否重视别人的意见、待人处事的风格，自己、家人、朋友、同事对其个性的认识。

7. 人际情况

包括：亲戚情况、与亲戚相处的情况、最要好的朋友情况、与朋友相处的情况、邻居情况、与邻居相处的情况、最要好的邻居、对人际关系的看法等。

（二）企业客户的信息调查

企业客户的信息调查内容应当由以下几个方面组成。

1. 市场状况分析

提供客户在市场中的位置的相关数据，包括客户在市场中的份额、年收入、市场位置、市场模式以及该客户的成熟度等。

2. 竞争对手情况

列出客户主要竞争对手，说明从公平的市场角度看，该客户与竞争对手相比的优劣情况以及竞争对手通常采用的竞争策略。

3. 客户概况

包括客户的名称及其主要业务的简要介绍，以及客户的服务宗旨和最近的经营资料。

4. 服务介绍

介绍客户的每一项主要服务，并突出其具有独特市场价值的与众不同之处。

5. 财务状况简介

记录下资产负债表和损益表中的关键信息，看是否能从任何市场模式或过去的业绩中了解客户获得服务的情况。

6. 高层主管简历

介绍客户高层主管的学历、工作经历、以往的成绩、与其他组织的联盟及关系情况，包括其面临的有可能为物流企业提供新机会的潜在问题。

7. 潜在的需求

列出物流企业可能帮助客户解决潜在问题（若确实存在）的服务。进行客户信息调查最重要的一项就是要确定客户的需求，尽力让客户满意，不仅包括相关的服务，还包括核心服务之外的因素。企业正是通过满足和超过客户的期望迎合其需求来创造客户满意度的。

小资料

客户需求的特点

1. 多样化、个性化

随着商品市场的不断发展，客户越来越多地追求个性化，对于同一种服务，不同的客户的需求是不一样的，年龄、性别、地区、职业、收入、价值观、爱好等的不同都会对需求有影响。

2. 受竞争对手的水平的影响很大

每个企业都必须参与市场竞争，因此在进行客户需求调查时，不得不考虑竞争对手的水平对自己客户的影响。当竞争对手的水平超过自己时，很可能会对服务由原来的满意变得不满意，而产生更高的需求水平。

3. 在不断提高和变化

由于科学技术的飞速发展，技术革新速度的大大加快，客户的需求也在不断提高和变化。因此，企业要紧跟市场，不断预测客户需求的变化，在变化中提高。如果仅满足于服务一时的畅销而不注意市场的变化，可能会很快失去已有的市场。

4. 潜在需求调查很困难

客户的一些需求是可以用语言表达出来的，称为“显在需求”。另一些需求是难于用语言表达出来的，与“显在需求”相对应，称为“潜在需求”。如客户可能也很难具体说出服务要达到什么水平。对于顾客的这些不能表述出来的需求，企业只能靠所掌握的新技术和对客户负责的态度去分析、开发、引导客户，以“客户的难题就是我们研究的课题”这种精神去分析、挖掘客户的许多潜在需求，保证服务的质量，才能让客户满意、放心。

五、客户调查管理流程

物流企业客户调查管理流程一般如下：提交调查委托→与调查公司沟通→调查公司提出建议书→确认调查方案→支付预付款（30%）→调研进行→调查公司撰写调研报告→专家评审→调研报告终稿完成→向调查公司提出修改意见→调查公司提交报告→支付余款。

拓展任务

1. 物流企业进行客户信息收集的主要方法有哪些？
2. 物流企业主要收集客户的哪些信息？

任务二　物流企业客户数据库的建立

案例导入

A物流企业打算建立客户数据库，专家提醒要注意以下方面：首先，结合用户的现状，明确数据库的目标任务。数据库是建立在原有运行系统之上的，因此除了业务现状外，要特别搞清任务所面对的数据源所在系统和其中的数据的状况，确定它们能否支持企业未来数据库的目标任务。其次，因为企业的高层人士对本企业的了解比较透彻，所以开展评估工作时，他们一定要亲自参加，未来数据库部门的负责人一定要自始至终地参加企业现状考察。最后，物流企业应当建立项目组，项目组需对相关的信息技术状况进行评估，其中包括数据源的数据库类型、工作平台、数据量、数据的质量等，以及将要建立数据库的环境状况和所利用的网络技术状况，以便为此后数据库的建设打下基础。

知识探究

办公自动化程度、员工计算机应用能力、企业信息化水平、企业管理水平的提高都有利于客户关系管理的实现。很难想象，一个管理水平低下、员工服务意识落后、信息化水平很低的物流企业能从技术上实现客户关系管理。有一种说法很有道理：客户关系管理的作用是锦上添花。现在，信息化、网络化的理念在我国很多物流企业已经深入人心，很多物流企业有了相当牢固的信息化基础。

客户信息是客户关系管理的基础。数据仓库、商业智能、知识发现等技术的发展，使搜集、整理、加工和利用客户信息的质量大大提高。本任务将详细介绍客户数据库的相关知识。

一、数据库的定义

（一）网状数据库

网状数据库将记录作为数据的基本存储单位，一个记录可以包含若干数据项。这些数据项可以是多值的或者复合的数据，前者称为向量，后者称为重复组。每个记录有一个唯一的内容标识符，即DBK，它在一个记录存入数据库时由系统自动赋予。DBK是记录的逻辑地址，可以用作记录的替身，或是用于寻找记录。在网状数据模型中，数据间的联系用系表示。网状数据库是系的集合，其存储结构归结为系的实现方法。最常用的方法是链，即对每一个系值从首记录开始用指引元依次连接各属记录形成一条链。网状数据库是一种导航式的数据库，用户在执行具体操作时不但要说明需要什么，还要说明怎么做，如在查找语句中不但要指明查找对象，而且还要规定存取路径。

（二）层次数据库

由于现实世界中的很多事物是按照层次关系组织起来的，所以紧随网状数据库之后而出现的是层次型数据库系统。层次数据模型模拟了现实世界的层次组织，按照层次存取数据，其中最基本的数据关系是层次关系，它代表两个记录之间一对多的关系，也叫作双亲子女关系（PCR）。一个数据库系统中仅有一个记录无双亲，称为根节点，其他记录仅有一个双亲。在层次模型中，从一个节点到其双亲的映射是唯一的，所以对每一节记录（根节点除外）来说，只需指出它的双亲，就可以表示出层次模型的树状整体结构。比较著名的层次数据库系统当属 IBM 公司的 IMS（information management system），于 20 世纪 60 年代末产生，如今在互联网环境下继续扮演着重要的角色。

（三）关系数据库

用户在对网状数据库和层次数据库进行存取操作时，必须明确数据的存储结构，具体指明存取路径。为了弥补这些不足，20 世纪 70 年代初 IBM 公司提出了关系模型的概念。在关系模型中，无论是实体还是实体间的联系均由单一的结构类型——关系来表示。在实际的关系数据库中，关系也称为表，一个关系数据库由若干张表组成。为了准确而形象地表示数据库的准则，1974 年 IBM 公司制定了简单的关键字语法，用以说明符合关系数据库准则的数据定义，即 SQL 语言，它只要求用户指出做什么而无须指出怎么做。SQL 语言是数据库发展史上的一个里程碑。

（四）面向对象数据库

面向对象数据库技术在概念和原理上还未取得完全一致的理解，但大家都认为面向对象数据库应该具有对象、类、继承、封装等基本概念。

（五）分布式数据库

分布式数据库是物理上分散在计算机网络的各节点，而逻辑上属于同一个系统的数据集合。它具有数据的分布性和数据库间的协调性两大特点。

（六）多媒体数据库

多媒体数据库是在对数字、字符、文字、图形、图像、语音处理技术及影视处理技术结合继承的基础上所形成的新的计算机集成技术。

（七）数据仓库

权威性的定义认为，数据仓库是面向主题的、集成的、稳定的和随时间变化的数据集合，主要用于决策制定过程。

信息科技的发展，尤其是在电讯和数据管理领域的发展，为管理大量纷繁复杂的客户数据提供了可能。互联网作为一种双向或多向的传播媒体，提供了人格化的信息反馈环，通过互联网能将大规模的客户信息反馈给企业。企业可以根据所获得的信息建立客户数据库。客户数据库是企业进行客户关系营销时以个人为联系对象的一种媒介和渠道，如信件、电话和销售人员等。它能对记入数据库中的客户信息进行分析，为客户提供个性化服务，从而刺激客户需求，并实现扩展公司目标客户的目的。

数据库能够帮助企业较容易地实现多种不同目标，如：使产品及服务的设计和营销目标定位更准确；识别最有可能购买新产品和服务的客户；提高销售效率；支持比传统销售方式成本低的新销售方式；改善广告和促销、品牌管理和销售渠道之间的联系；在售后服务中保证随时利用相关信息，改进客户服务质量；协调营销中的各个方面，实现完全的客户关系营销。

二、客户数据库的使用

客户数据库是运用数据库技术，全面收集关于现有客户、潜在客户或目标客户的综合数据资料，追踪和掌握现有客户、潜在客户和目标客户的情况、需求和偏好，并且进行深入统计、分析和数据挖掘，从而使企业的营销工作更有针对性。客户数据库是企业维护客户关系、获取竞争优势的重要手段和有效工具。

一个真正适用于客户关系营销的客户数据库对所有的营销及销售人员都有很大的价值。通过客户数据库，销售人员可以进行与客户的关系营销和安排商务日程，营销人员可以进行相关的营销计划和分析，零售点计划人员可以进行零售地点选址决策。

数据库能够为决策者成功地在销售周期内促成预期客户的购买行为提供一种有效措施，这一点对销售人员非常有价值。例如：某厂要在某城市销售某一新产品，那么该厂可以从数据库中导出一份该城市中想要购买这一产品的客户名单，销售人员可以先确定哪些客户确认购买、哪些客户没有确认，对没有确认的客户采用更有力的方式紧跟，如发邮件或打电话。如果客户没有回复邮件或者确认不购买，那么可以将其从销售计划中删去。

企业与客户关系的历史可用来计算获得某类客户的成本和收益。例如：若数据库表明，购买了 A 产品的客户购买 B 产品的可能性要比其他客户大 50%，那么赢得购买 A 产品的客户所带来的收益就超过在 B 产品上得到的利润。这就有助于营销人员更全面地考虑继续与客户进行关系营销的可行性。

有了与客户之间营销关系的完整记录，在对客户实施营销战略时，数据库就可以识别最有可能积极响应的客户。当认定一个客户属于某特定群体时，就可以假设该客户对某一产品的购买需求与该群体的其他成员一样。在其最高级形式中，这个过程就表现为“打分”。对某一特定产品，每个客户的得分值取决于如下两点：

（1）对所有客户的特征进行分析；

（2）评价这些特征在某个客户群体中存在时能否使这些客户产生购买行为。

一旦这些重要的特征被确认，就能用计算机设计出计分方法，这个分值表明该客户购买的可能性。这样就能帮助公司更加精确地识别客户群体，并针对不同的客户群体，采取不同的营销方案，在满足客户个性化需求的同时，又能以最少资金获得最大的收益。数据库物理结构图见图 4-1。

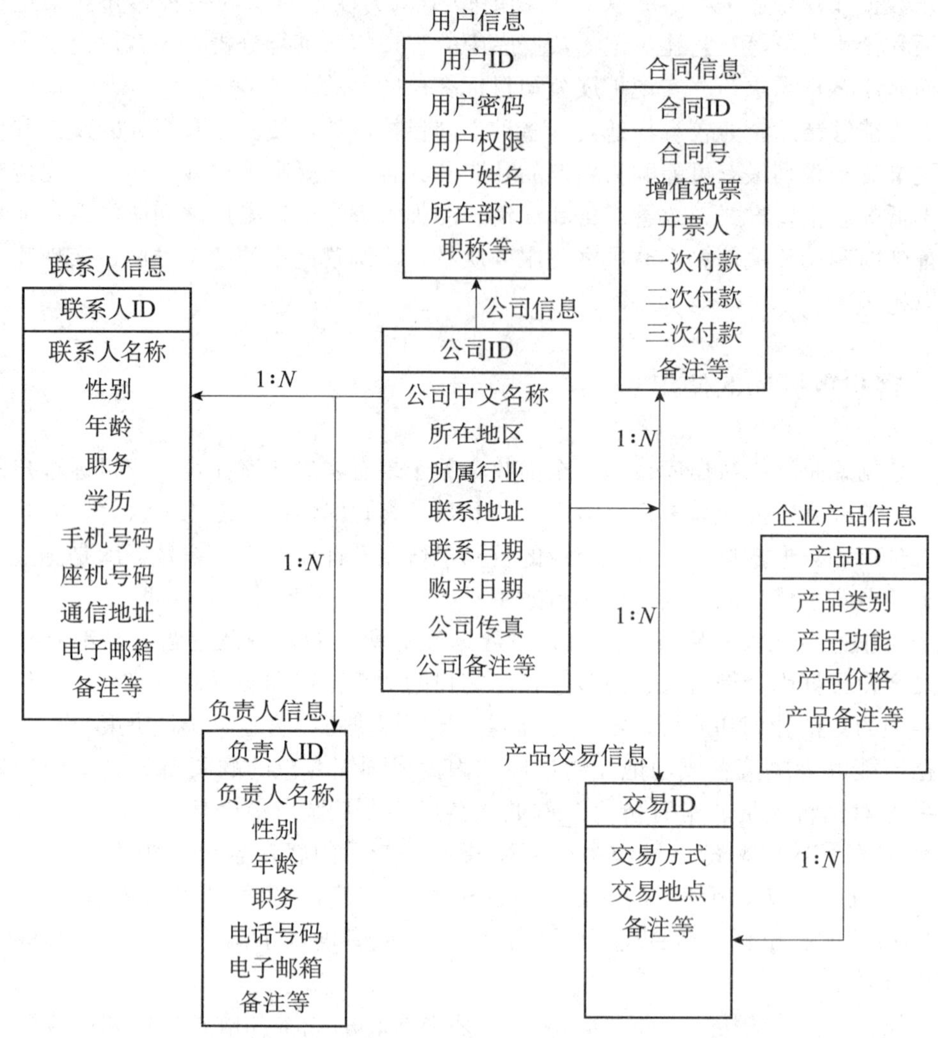

图 4-1 数据库物理结构图

三、收集客户信息

（一）收集客户信息的渠道

收集客户信息需要从点点滴滴做起，可通过直接渠道、间接渠道和其他渠道完成。

1. 直接渠道

直接收集客户信息的渠道，主要指客户与企业的各种接触机会。这种收集信息的方式在企业运营中应用比较多。也有很多企业通过展会、市场调查等途径来获取客户信息。

具体来说，直接收集客户信息的渠道如下：

(1) 在调查中获取客户信息。

即调查人员通过面谈、问卷调查、电话调查等方法得到第一手的客户资料，或通过仪器观察被调查客户的行为并加以记录而获取信息。在调查中获取客户信息的方式可以使企业得到比较真实的信息。

优秀的营销人员往往善于收集、整理、保存和利用各种有效的客户信息。如在拜访客户时，除了日常的信息收集外，还会思考这个客户与其他客户有什么相同之处或有什么不同之处，并对重点客户进行长期的信息跟踪。

目前，很多公司在已有市场经理、销售经理职位的基础上增设了客户关系经理，其职责是尽可能详尽地收集一切相关的客户资料，追踪所属客户的动向，判断和评估从客户那里还可能获得多少赢利的机会，并且努力维护和发展客户关系，以便争取更多的生意。这种做法使企业拥有大量的客户信息。

(2) 在服务过程中获取客户信息。

对客户的服务过程也是企业深入了解客户、联系客户、收集客户信息的最佳时机。

在服务过程中，客户通常能够直接并且毫无避讳地讲述自己对服务的看法和期望、对服务的评价和要求、对竞争对手的认识以及其他客户的意愿和销售机会，其信息量之大、准确性之高是在其他条件下难以实现的。

此外，通过服务记录、客户服务部的热线电话记录以及其他客户服务系统也能获取客户信息。

(3) 在终端收集客户信息。

相对于在服务过程中收集信息而言，在终端收集信息通常成本要高一些。终端是直接接触最终客户的前沿阵地，通过面对面的接触可以收集到客户的第一手资料。

(4) 在营销活动中获取客户信息。

通常可用的营销活动有以下五种：

1) 在与客户的谈判中，客户的经营作风、经营能力及对本企业的态度都会得到体现，谈判中往往还会涉及客户的资本、信用、目前的经营状况等资料，所以，谈判也是收集客户信息的极好机会。

2) 开展回寄活动，由潜在客户填上信息后寄回以换取免费赠品或奖品。一般来说，通过活动反馈的客户信息非常有针对性。

3) 与客户的业务往来函电，包括询价、发盘、还盘、接受、合同执行、争议处理等函电，可以反映客户的经营品质、经营作风和经营能力，也可以反映客户关注的问题及交易态度等，因此，往来函电也可以帮助企业获取客户信息，是收集客户信息的极好来源。

4) 在广告发布后，潜在客户或者目标客户与物流企业联系，或者打电话，或者剪下优惠券寄回，或者参观企业的展室等。对于在这个过程中接触的客户，企业可以把他们的信息添加到客户数据库中。

5) 启动频繁营销方案，或者实行会员制度，或者成立客户联谊会、俱乐部等，也可以收集到有效的客户信息。

(5) 通过博览会、展销会、洽谈会等获取客户信息。

由于博览会、展销会、洽谈会针对性强且客户群体集中，因此可以成为迅速收集客户信息、达成购买意向的场所。

(6) 从客户投诉中收集客户信息。

客户投诉也是企业了解客户信息的重要渠道，企业可将客户的投诉意见进行分析整理，建立客户投诉的档案资料，从而为改进服务、开发新产品提供基础数据资料。

（7）网站和呼叫中心是收集客户信息的新渠道。

随着电子商务的开展，客户越来越多地转向网站去了解物流企业的服务，并即时完成订单等操作，因此，物流企业可以通过客户访问网站进行注册的方式，建立客户档案资料。

此外，客户拨打客服电话，呼叫中心可以自动将客户来电记录在计算机数据库内。在客户订购服务时，通过询问客户的一些基本送货信息，也可以初步建立客户信息数据库，然后逐步补充。

信息技术及互联网技术的广泛使用为物流企业开拓了新的获取客户信息的渠道，同时，网站和呼叫中心收集客户信息成本低，越来越受到物流企业的重视，已经成为物流企业收集客户信息的重要渠道。

在以上这些渠道中，客户与物流企业接触的主动性越强，客户信息的真实性和价值就越高，如客户呼入电话，包括投诉电话、请求帮助或者抱怨时所反馈的客户信息就比呼叫中心的呼出电话得到的客户信息价值高。

同时，客户与企业接触的频率越高，客户信息的质量就越高，如从营业厅或呼叫中心获取的客户资料一般要比在展会中得到的客户信息真实，而且成本较低。

2. 间接渠道

间接收集客户信息的渠道，是指物流企业从公开的信息中或者通过购买获得客户信息。一般有以下间接渠道：

（1）各种媒介。

国内外各种权威性报纸、杂志、图书和国内外各大通讯社、互联网、电视台发布的有关信息，往往都会涉及客户的信息。

（2）从已建立客户数据库的公司租用或购买。

小公司由于实力有限或其他因素的限制，无力自己去收集客户信息，则可通过向已经建立客户数据库的公司租用或者购买来获取客户的信息，这往往要比自己去收集客户信息的费用低得多。

（3）国内外咨询公司及市场研究公司。

国内外咨询公司及市场研究公司具有业务范围较广、速度较快、信息准确的优势，可以充分利用这个渠道对指定的客户进行全面调查，从而获取客户的相关信息。

（4）国内外金融机构及其分支机构。

一般来说，客户均与各种金融机构有业务往来，通过金融机构调查的客户信息，尤其是资金状况是比较准确的。

（5）工商行政管理部门及驻外机构。

工商行政管理部门一般掌握客户的注册情况、资金情况、经营范围、经营历史等，是可靠的信息来源。对国外客户，可委托我国驻各国大使馆、领事馆的商务参赞帮助了解，也可以通过我国一些大公司的驻外业务机构帮助了解客户的资信情况、经营范围、经营能力等。

3. 其他渠道

从战略合作伙伴或者老客户以及行业协会、商会等也可以获取相关的客户信息，还可以与同行业的一个不具有竞争威胁的物流企业交换客户信息。

总之，客户信息的收集有许多途径，在具体运用时要根据实际情况灵活选择，有时也可以把不同的途径结合在一起综合使用。

（二）收集客户信息的步骤

1. 明确调查的问题点

这一阶段通常先进行初步情况分析，在对客户信息有一定认识的基础上进行非正式调查。

（1）初步情况分析。

收集客户信息前先对企业已有的资料进行初步情况分析。已有的情报资料包括内部资料和外部资料。内部资料包括各种记录、历年的统计资料、生产销售的统计报表、财务决算报告等。外部资料包括政府公布的统计资料、研究机关的调查报告、同行业的刊物、经济年鉴手册等。

初步情况分析的目的是查探问题和认识问题，从中发掘因果关系。因而初步情况分析的资料收集不必详细，只要重点收集对所要研究分析的问题有参考价值的资料即可。

（2）非正式调查。

非正式调查也叫试探性调查，即信息人员主动去访问专家，向精通本问题的人员（销售负责人、推销人员、批发商等）和客户征求意见，了解他们对这个问题的看法和评价。

通过预备调查阶段的工作，缩小问题的调查范围，明确问题点所在，有针对性地提出一个或几个调查课题。

2. 确定收集信息的方法

在确定调查的问题以后，就要确定收集信息的来源和方法。在调查前要明确诸如调查需要收集什么资料，用什么方法进行调查，由谁提供资料，在什么地方、什么时间进行调查，是一次调查还是多次调查等问题。

收集资料的目的是应用，资料收集工作要有针对性地进行，在有计划地收集资料时，保持资料的系统性、完整性与连续性，及时收集有关调查问题的发展动向和趋势的情报资料，全面了解客户。

3. 准备所需的调查表格

在调查过程中通常会用到调查表格，调查表格的设计随调查方式所选择询问的问题形式的不同而不同。

4. 抽样设计

调查方法确定以后，在现场调查前应该设计并确定对抽样对象采用什么样的抽样方法以及样本的大小。参加实地调查的人员必须严格按照抽样设计的要求进行抽样，以确保调查质量。

5. 现场实地调查

即到现场去收集资料。现场调查工作的好坏直接影响调查结果的正确性，要想搞好实地调查，必须做好现场调查人员的选择和培训工作，使他们既有工作热情、踏实肯干，又有语言表达能力和专门知识。

6. 整理分析资料

（1）检查和评定所收集到的资料。

在检查的过程中既要审核资料的根据是否充分，还要对资料进行一定分析，看其推理是否严谨、阐述是否合理、观点是否成熟，以确保资料的真实性和准确性。

（2）编制统计表。

将资料分类、统计、计算，有系统地制成各种计算表、统计表、统计图，以便分析利用。

（3）得出结论。

运用调查所得的资料数据和事实分析情况，得出结论，进而提出改进建议。

7. 提交调查报告

凡是进行特定目的调查，都必须出具调查报告。

（1）编写调查报告的要求。

1）文字简练。

2）报告的内容紧扣主题。

3）应该以客观的态度列举事实。

4）尽量使用图表来说明问题。

（2）调查报告的内容。

1）封面：写明题目、承办单位和日期。

2）前言：叙述调查的经过及当时的背景。

3）调查的目的。

4）问题的症结。

5）结论：提出改善建议。客户信息收集的最终目的在于采取改善措施，以增加企业赢利，所以这部分应写得详细具体。

四、客户数据库的信息分析

收集信息的目的不是收藏，而是利用。因此，对收集到的第一类信息和第二类信息要及时进行整理、分析和研究，并定期提出分析报告，反映客户的显在需求和潜在需求。

CRM 的信息分析处理是通过对客户详细资料的深入分析，采取措施来提高客户满意度和忠诚度，从而提高物流企业的竞争力。CRM 的信息分析处理既包括一般的统计分析，也包括利用数据库、联机分析处理和数据挖掘等工具提供的决策支持。分析内容主要包括以下几个方面：

（1）客户概况分析，包括客户的层次、风险、爱好、习惯等；

（2）客户忠诚度分析，指客户对某个产品或商业机构的忠实程度、持久性、变动情况等；

（3）客户利润分析，指不同客户所消费的产品的边缘利润、总利润、净利润等；

（4）客户性能分析，指不同客户所消费的产品按种类、渠道、销售地点等指标划分的销售额；

（5）客户未来分析，包括客户数量、类别等情况的未来发展趋势，争取客户的手段等；

(6) 客户服务分析，包括服务设计、关联性、供应链等；

(7) 客户促销分析，包括广告、宣传等促销活动的管理。

信息的分析、研究需要有正确的思想和观点。对于同样的信息，不同的观点可能得出不同的意见。

五、客户数据库的建立

(一) 客户数据库的作用

客户数据库对企业进行客户关系管理有很大作用，具体阐述如下。

1. 可以对客户开展一对一的营销

运用客户数据库的物流企业可以了解和掌握客户的需求及变化，知道哪些客户何时应该更换服务。在客户将要更换服务时企业可以通过一定的销售方式获得该次销售，经过几次这样的过程，客户就会对企业产生依赖性。客户数据库是企业内部最容易收集到的营销信息，对这些数据稍微加工，就可以使其成为营销决策最有价值的信息来源。因此，有营销专家说："没有数据库，就像在沙漠中迷失了方向一样会付出惨痛的代价。"

客户过去的购买行为和习惯是未来购买模式的最好指示器。客户数据库可以帮助物流企业通过了解客户过去的消费习惯来推测其未来的消费行为，帮助物流企业预测客户有多大的可能来购买多大量的服务。通过客户数据库对客户过去的购买和习惯进行分析，企业还可以了解到客户是被服务所吸引，还是被价格所吸引，从而有根据、有针对性地向客户推荐相应的服务，或者调整价格。成功的企业大多拥有自己的客户信息管理系统或客户数据库。

2. 可使物流企业之间的竞争变得更加隐秘

物流企业运用客户数据库可以直接针对目标客户进行一对一的营销，而无须借助大众宣传的方式，从而减少竞争对手的注意度，有效避免"促销战""价格战"等公开的对抗行为，也比较容易达到预期的促销效果。运用数据库技术进行客户关系管理已成为企业获取竞争优势的重要手段和有效工具。

3. 为物流企业深入分析客户并指导客户关系的努力方向提供帮助

运用客户数据库管理可以明确如下信息：客户的数量，客户的基本情况，哪些是重要客户，哪些是主要客户，这些客户多长时间购买一次服务，时间间隔是多少，怎样购买，在哪里购买，客户通过什么途径了解物流企业，客户对服务有什么意见或建议，客户想要什么样的服务。

客户数据库是物流企业经过长时间对客户信息（客户的基本资料和历史交易行为）的积累和跟踪才建立起来的，剔除一些偶然因素，依靠客户数据库对客户进行判断就更加准确、客观、全面。

营销专家鲍勃·斯通提出，客户数据库中的最近一次消费、消费频率、消费金额三个要素是分析客户的最好指标，可以帮助企业识别最有价值的客户、忠诚客户和即将流失的客户。

（1）最近一次消费。

最近一次消费是指客户上一次购买的时间，它是维系客户的一个重要指标，可以反映客户的忠诚度。一般来说，上一次消费时间越近越理想，最近才购买本物流企业的服务的客户是最有可能再购买的客户。要吸引一位几个月前购买本企业的服务的客户，比吸引一位几年前购买的客户要容易得多。

如果最近一次消费时间离现在很远，说明客户长期没有光顾，就要调查客户是否已经离企业而去。最近一次消费还可监督企业目前业务的进展情况——如果最近消费的客户人数增加，则表示企业发展稳健；如果最近一次消费的客户人数减少，则表明企业的业绩可能滑坡。

（2）消费频率。

消费频率是指客户在限定的时间内购买本企业的服务的次数。一般来说，最频繁购买的客户，可能是满意度、忠诚度最高的客户，也可能是最有价值的客户。

（3）消费金额。

消费金额指客户购买本企业服务金额的多少。通过比较客户在一定期限内购买本企业服务的数量，可以知道客户购买态度的变化，如果购买量下降，则要引起足够的重视。

综合分析最近一次消费、消费频率、消费金额的变化，可以推测客户消费的变动状况。

1）将最近一次消费、消费频率结合起来分析，可判断客户下一次交易的时间距离现在还有多久。

2）将消费频率、消费金额结合起来分析，可计算出在一段时间内客户为企业创造的利润，从而帮助企业明确对自己最有价值的客户。

3）当客户最近一次消费离现在很远，而消费频率或消费金额出现显著萎缩时，可以提示这些客户很可能即将流失或者已经流失，从而促使企业作出相应的对策，如对其重点拜访或联系等。

（4）客户数据库的其他指标。

1）“最好的客户”是企业利润的基础，企业要全力保留。

2）“乐于消费型客户”和“经常消费型客户”是企业发展壮大的保证，企业应该想办法提高“乐于消费型客户”的购买频率，通过交叉购买和增量购买来提高“经常消费型客户”的平均消费金额。

3）对于“不确定型客户”，企业需要找出其中有价值的客户，并促使其向前面三类客户转化。

4）客户每次的平均消费额可说明客户结构，从而帮助企业认清目前客户的规模以及市场是否足够大。

5）可从客户所处的行业、职业及住所对客户群进行细分，有针对性地开展广告、促销等。

6）从地域分布来说，由于远的客户变数大，企业应当重点吸引附近区域的客户，他们也是物流企业的主要客户。企业如果不能很好地吸引附近区域的客户，则存在一定的危机。

4. 可以实现对客户的动态管理

客户的情况总是在不断变化，客户的资料也应随之不断地进行调整。物流企业如果有一个好的客户数据库，就可以对客户进行长期跟踪，不断调整、剔除陈旧的或已经变化的资料，及时补充新的资料，使物流企业对客户的管理保持动态性。

另外，物流企业建立客户数据库后，任何业务员都能在前面业务员的基础上继续发展与客户的亲密关系，而不会出现由于某一业务员的离开造成业务中断的情况。

（二）客户数据库的管理人员

客户是物流企业最宝贵的资产，是物流企业的命脉，客户档案的泄密势必影响企业的生命。曾经发生过员工跳槽前将企业所有的客户资料复制下来，将其作为“见面礼”送给竞争对手的事情。因此，企业对客户数据库的管理要慎之又慎。

客户数据库的管理应当由专人负责，并且要选择在企业工作时间较长，对企业满意度高、归属感强、忠诚度高，有一定的调查分析能力的老员工，作为客户数据库的管理人员。要避免低工资人员、新聘用人员、临时雇用人员做这方面的工作。

（三）不需建立客户数据库的情况

建立和维护一个客户数据库需要投入庞大的资金，因此，在以下几种情形下，可以考虑不建立客户数据库：

（1）对没有品牌忠诚度的客户，不需要建立数据库。

（2）客户一生中对企业的服务只需购买一次，或者重复购买的可能性很小，即没有第二次消费的可能，所以建立客户数据库的意义不大。

（3）考虑成本核算。如果建立客户数据库的代价远远高于从中得到的收益，也不需要考虑建立客户数据库。

拓展任务

1. 试述物流企业客户信息的收集渠道。
2. 物流企业建立客户信息数据库的好处有哪些？

任务三　物流企业客户分级

案例导入

有一家中等规模的女士服装公司，最初的顾客流量总是不稳定。但是，公司并没有灰心，而是派市场调查员仔细调查每一位顾客在服装支出方面的预算情况以及服装支出与总收入的比例。在他们的顾客档案里，还有一些顾客的个人资料，包括每位顾客在什么时候从他们的连锁店里购买过什么东西。他们甚至还清楚地知道谁全价购买商品，谁享受了价格折扣。多数情况下，他们还知道每一位顾客在什么时间从他们的竞争对手那里购买什么东西。凭着这些资料，这家公司通过专门的纵向营销计划对每一位顾客进行关系管理。多年来这个公司的营业额在同类公司中稳居榜首。

知识探究

前面已经介绍过客户的分类，并对客户进行了细分，本任务主要介绍客户分级。客户分级和客户细分是不同的两个概念。客户细分是指按照一定的标准（年龄、性别、收入、职业、地区等）将企业的现有客户划分为不同的客户群，同属一个客户群的客户特征彼此相似。这种客户细分方法简单易行，但难以直接反映客户对物流企业的价值和客户关系的阶段，难以指导物流企业保持客户关系和实施有效的客户关系管理，当然也难以提高客户特别是最有价值客户的满意度和忠诚度。客户分级是物流企业依据客户对企业的不同价值和重要程度，将客户区分为不同的层级，从而为企业的资源分配提供依据。

客户对物流企业的贡献率是不同的，如何有效管理客户，特别是有价值的客户，是企业心中的一个结。

一、分级的原因

（一）不同的客户带来的价值不同

不同的客户给企业带来的价值收益是不一样的。“二八法则”是意大利经济学家维尔弗雷多·帕累托在 1897 年发现的，他指出，关键的少数和次要的多数，比率约为 2∶8，即 80%的结果往往源于 20%的原因。对于企业来说，就是企业 80%的收益来自 20%的高贡献度的客户，即少量的客户为企业创造了大量的利润，其余 80%的客户是微利、无利，甚至是负利润的。“二八法则”在经济及社会生活中无所不在。

根据美国学者雷奇汉的研究，企业从 10%最重要的客户那里获得的利润往往比从 10%最次要的客户那里获得的利润多 5～10 倍，甚至更多。

通过以上的研究结果我们可以看出：客户有大小，贡献有差异。每个客户带来的价值是不同的，有的客户提供的价值可能比其他客户高 10 倍、100 倍，甚至更多，而有的客户则不能给企业带来利润，甚至还会吞噬其他客户带来的利润。

（二）不同价值的客户有不同的需求，物流企业应该分别满足

一方面，客户个性化、多样化、差异化的需求决定了物流企业应提供个性化、定制化的产品或服务，而物流企业只有对客户进行分级，根据不同级别客户的不同需求给予不同的服务和待遇，才能有效满足不同级别客户的个性化、多样化、差异化需求。

另一方面，每一个客户为物流企业带来的价值不同，对物流企业的预期待遇也就会有差别。一般来说，为物流企业创造主要利润、带来较大价值的关键客户期望得到有别于普通客户的待遇，如更贴心的服务以及更优惠的条件等。物流企业如果能区分出这部分利润

贡献大的客户，并为其提供有针对性的服务，就有可能使其成为企业的忠诚客户，从而持续不断地为企业创造更多的利润。

（三）物流企业必须根据客户的不同价值分配不同的资源

物流企业应根据不同价值对客户实施不同的服务策略，不同的客户实际为物流企业创造的价值不同，而物流企业的资源有限，将其平均分配给每个客户的做法既不经济也不切合实际，因此物流企业没有必要为所有的客户提供同样卓越的服务，否则，可能“事倍功半”，造成企业资源的浪费。当然这并不是要故意贬低一些客户，每个客户的重要性都是不容低估的。

让为物流企业带来价值少或不带来价值的小客户享受与为企业带来高价值的大客户同样的待遇，会在一定程度上造成企业资源的浪费，导致企业成本的增加和利润的降低。同时，小客户享受大客户的待遇，小客户自然没有意见，而大客户会心理不平衡，轻则满腹牢骚，意见、怨言一大堆，重则不满，甚至流失。这个时候竞争对手如果乘虚而入，为这些最能赢利的客户提供更多的实惠，就可以轻而易举地将其“挖”走。

虽然大客户和小客户之间并没有绝对的界限，大客户可以变成小客户，小客户也可以变成大客户，但并不意味着可以统一对待。那样做不但大客户会不满意，小客户也不愿意成为大客户，因为对企业贡献再大，企业给予的待遇都是一样的，最终导致大客户的流失，毕竟买方市场下大客户的选择面很宽。

总之，不同价值的客户应该“分开抓”，而不是“一把抓”，企业不能将资源和努力平均分摊给每一个客户，必须根据客户带来的不同价值对客户进行分级，然后依据客户的级别分配企业的资源。

（四）客户分级是有效进行客户沟通、实现客户满意的前提

如果客户的重要性和价值不同，就应当据此采取不同的沟通策略。区分不同客户的重要性和价值是有效进行客户沟通的前提。

实现客户满意也要根据客户的不同采取不同的策略，不同客户的满意标准是不一样的。实现客户满意的前提是区分客户的满意标准，这就要区分客户之间的差别。

总之，对客户实行分级管理是有效管理客户关系的前提，也是提高客户关系管理效率的关键，更是对客户实施有效激励的基础。物流企业只有对客户进行分级管理，才能强化与高价值客户的关系，降低为低价值客户服务的成本，从而更好地在实现所有客户利益最大化的同时达到企业利润的最大化，达到企业与客户的双赢。

二、分级的重要性

客户分级的重要性主要体现在如下几个方面。

（一）有利于物流企业调整分工

如果把级别高的客户都集中交给几个业务员负责，则其他的业务员肯定会觉得不公平。作为管理人员，要让业务员手中的客户达到平衡，让其在同一个起跑线上起跑，这样

才能激发员工的上进心。

（二）有助于物流企业的资源分配

物流企业的最终目的是获得利润，因此，对级别高的客户可给予一些优先待遇。如当两个客户的订单有冲突时，可以优先完成级别高的客户的订单；在付款条件等方面，也可以给级别高的客户比较宽松的付款条件等。

（三）可以方便管理人员分配工作

管理人员可以根据客户的级别指挥业务员如何进行工作。如可以要求业务员，对级别高的客户，每个月进行一次拜访，以了解其最新需求；对级别低的客户，每半年甚至一年拜访一次。

三、如何分级

（一）客户分级的标准

根据物流企业要求的不同，对客户有不同的分级标准。

1. 客户的下单金额

统计企业近一年或者两年的客户下单金额，然后按照其下单量从大到小进行排列。下单量可以从下单的金额或下单的数量进行考核。

2. 客户对企业利润的贡献率

这种方法不但考虑客户下单的金额，还涉及客户购买服务的成本与利润问题。统计一年客户的销售订单量及其购买服务的利润率，然后算出该客户给企业创造了多少利润，最后以利润的大小进行优先级排名。

3. 客户的信用状况

即企业统计客户最近一年的付款情况是否及时，有否拖延及拖延的天数与原因，以此来判定客户的级别。

4. 客户的发展前景

这主要是针对新客户。企业通过考察、了解，挖掘客户的潜在价值，判断其重要性。新客户没有历史交易情况，很难用具体的数据来支持企业的决策，因此只有通过主观的判断来确定客户的优先级别。

5. 综合加权

以上几个指标都只是从一个方面进行衡量，不免有点偏颇。例如：客户信用状况虽然很好，但给企业下的订单很少，因此就算其信用状况最好，也不能给企业带来多少价值；再如：客户的下单量虽然比较大，但是，其购买的服务都是低利润的服务，或者其信用状况不是很好，总拖欠款项。

为此，现在很多企业会从多个角度来衡量客户的价值，如把以上各个指标按一定的比例进行加权，例如，“客户的下单金额”占据20%，“客户对企业利润的贡献率”占据65%，“客户的信用状况”占据15%，以100分为基础，按分数高低对客户进行排列、分级。

（二）客户的级别

企业可根据客户给企业创造的利润和价值的大小按由小到大的顺序“垒”起来，得到一个客户金字塔模型，给企业创造利润和价值最大的客户位于客户金字塔模型的顶部，给企业创造利润和价值最小的客户位于客户金字塔模型的底部，如图 4－2 所示。一般而言会将客户金字塔模型划分为四层级，分别为：重要客户、主要客户、普通客户和小客户。

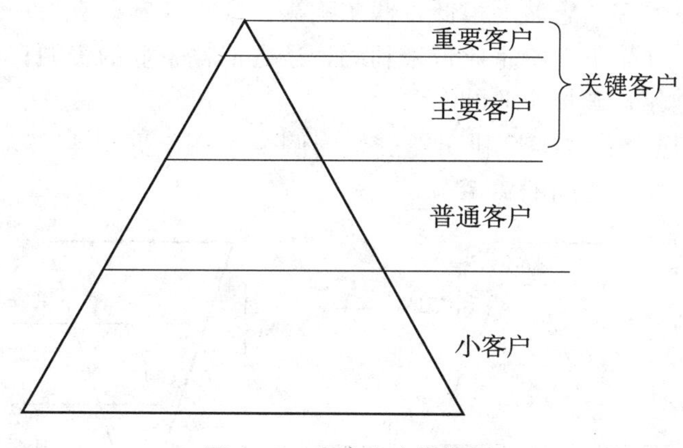

图 4－2　客户金字塔模型

1. 重要客户

重要客户是能够给企业带来最大价值的前 1％的客户，它位于客户金字塔的最高层。

重要客户往往是产品的重度用户，对企业忠诚，是企业客户资产中最稳定的部分，为企业创造了绝大部分和长期的利润，而企业却只需支付较低的服务成本；重要客户对价格不敏感，也乐意试用新服务，还可帮助企业介绍潜在客户，为企业节省开发新客户的成本；重要客户不但有很高的当前价值，而且有巨大的增值潜力，其业务总量在不断增大，未来在增量销售、交叉销售等方面仍有潜力可挖。

重要客户是最有吸引力的一类客户，可以说，企业拥有重要客户的多少，决定了其在市场上竞争地位的高低。

2. 主要客户

主要客户是除重要客户以外给企业带来最大价值的前 20％的客户，一般占客户总数的 19％，它位于客户金字塔的次高层。

主要客户，可能是物流企业服务的大量使用者，也可能是中度使用者，对价格的敏感度比较高，为物流企业创造的利润和价值没有重要客户那么高；主要客户没有重要客户那么忠诚，为了降低风险会同时与多家同类型的企业保持长期关系；主要客户也会真诚、积极地为本企业介绍新客户，但在增量销售、交叉销售方面已经没有多少潜力可供进一步挖掘。

重要客户和主要客户构成了企业的关键客户，是企业的核心客户，一般占企业客户总数的 20％，为企业创造 80％的利润，是企业的重点保护对象。

3. 普通客户

普通客户是客户金字塔中处在第三层的客户，是除重要客户与主要客户之外的为企业创造最大价值的前50％的客户，一般占客户总数的30％。

普通客户包含的客户数量较大，但购买力、忠诚度和能够带来的价值远比不上重要客户与主要客户。

4. 小客户

小客户是客户金字塔中最底层的客户，指除了上述三种客户外，剩下的50％的客户。小客户既包含利润低的“小客户”，也包含信用低的客户。

这类客户购买量不多，忠诚度很低，偶尔购买，却经常延期支付；这类客户经常会提出苛刻的服务要求，几乎不会给企业带来利润，还会消耗企业的资源；有时这类客户是问题客户，会向他人抱怨，破坏企业的形象。

“客户数量金字塔”和“客户利润提供能力倒金字塔”见图4－3，体现了客户类型、数量分布和创造利润能力之间的关系。

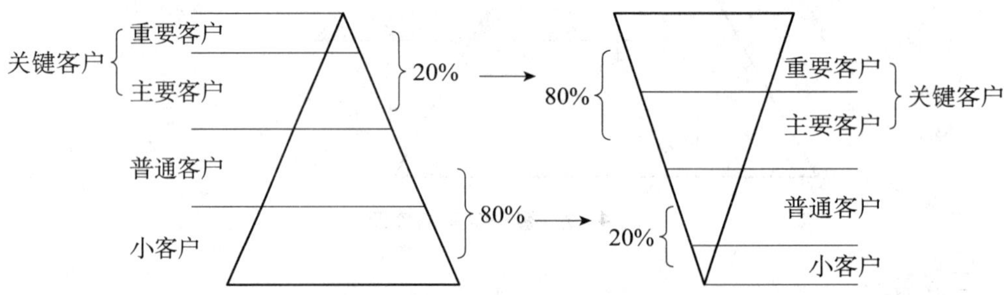

图4－3 客户数量金字塔和客户利润提供能力倒金字塔

客户金字塔模型包含着一种重要的思想，即企业应为对本企业的利润贡献最大的关键客户，尤其是重要客户，提供最优质的服务，配置最强大的资源，并加强与这类客户的关系，从而使企业的赢利能力最大化。

四、如何实现对客户的分级管理

客户分级管理是指物流企业依据客户带来利润和价值的多少对客户进行分级，依据客户级别高低的不同设计不同的客户服务和关怀项目，不是对所有客户都平等对待，而是区别对待不同贡献度的客户，将重点放在为物流企业提供80％利润的关键客户上，为其提供上乘的服务、特殊的礼遇和关照，努力提高他们的满意度，从而维系他们对企业的忠诚；同时，积极提升各级客户在客户金字塔中的级别，放弃不具有赢利能力的客户，使企业资源与客户价值得到有效的平衡。

（一）关键客户管理法

关键客户所创造的利润约占整个物流企业总利润的80％，是企业利润的基石，是企业可持续发展的最重要的保障之一。关键客户的管理在企业管理中处于重要的地位，关键客户管理的成功与否，对整个企业经营业绩的好坏具有决定性作用。

一般来说，物流企业花很大代价才能与关键客户的关系进入稳定、良好状态，而竞争对手总是瞄准这些客户并伺机发动“进攻”，企业一旦失去关键客户就会使其生产经营受到很大损害。企业只有维护好与关键客户的持久、良好关系，才能保证企业持续稳定地发展。

关键客户管理的目标是提高关键客户的忠诚度，并在“保持关系”的基础上，提升关键客户给企业带来的价值。为此，要做好以下三方面的工作。

1. 成立为关键客户服务的专门机构

关键客户是大多数企业都很重视的，通常由管理高层亲自出面处理与这些客户的关系，但这样会分散高层管理者的精力。如果企业成立一个专门服务于关键客户的机构，便可一举两得。一方面可使企业高层不会因为频繁处理与关键客户的关系分散精力，而能够集中精力考虑企业的战略和重大决策；另一方面也有利于企业对关键客户管理的系统化、规范化。

该机构通常要负责以下几方面的工作：

（1）负责联系关键客户，一般来说，要给重要的关键客户安排一名优秀的客户经理并长期固定地为其服务，对规模较小的关键客户可以几个客户安排一个客户经理。

（2）利用客户数据库分析每位关键客户的交易历史，注意了解关键客户的需求和采购情况，及时与关键客户就市场趋势进行沟通。

（3）为企业高层提供准确的关键客户信息，包括获取关键客户相关人员的个人资料，并协调技术、生产、企划、销售、运输等部门，根据关键客户的不同要求设计不同的服务方案。

（4）关心关键客户的利益得失，把服务做在前面，并且注意竞争对手对其实施的笼络战术，千方百计地保持关键客户，决不能让其转向竞争对手。

（5）关注关键客户的动态，强化对关键客户的跟踪管理，对出现衰退和困难的关键客户要进行深入分析，必要时伸出援手。当然，也要密切注意其经营状况、财务状况、人事状况等的异常动向，以避免出现倒账风险。

对关键客户的服务与管理涉及部门多、要求非常细，只有调动企业的一切积极因素，创造客户导向特别是关键客户导向的组织文化，才能做好这项工作。

2. 通过沟通和感情交流密切双方的关系

企业与客户进行沟通和感情交流的方式有多种，这里简单介绍几种在具体实施过程中采用的方式。

（1）经常性地征求关键客户的意见。

企业高层经常性地征求关键客户的意见，将有助于增加关键客户的信任度。例如：每年组织一次企业高层与关键客户之间的座谈会，听取关键客户对企业产品、服务、营销、产品开发等方面的意见和建议，以及对企业下一步的发展计划进行研讨等，这些都有益于企业与关键客户建立长期、稳定的战略合作伙伴关系。为了随时了解关键客户的意见和问题，企业应适当增加与其沟通的次数和时间，提高沟通的有效性。

（2）有目的、有计划地拜访关键客户。

一般来说，有着良好业绩的企业营销主管每年大约有 1/3 的时间是在拜访客户中度过的，其中关键客户正是他们拜访的主要对象。对关键客户的定期拜访，有利于熟悉关键客户的经营动态，及时发现问题并有效解决问题，与关键客户搞好关系。

（3）利用多种沟通渠道进行有效沟通。

主要是充分利用包括网络在内的各种手段与关键客户建立快速、双向的沟通渠道，不断主动与关键客户进行有效沟通，真正了解其需求，甚至了解能影响其购买决策的群体的偏好，只有这样才能够密切与关键客户的关系，促使关键客户成为企业的忠诚客户。

（4）及时、有效地处理关键客户的投诉或者抱怨。

客户的问题体现了客户的需求，无论是投诉或者抱怨，都是寻求答案的标志。处理投诉或者抱怨是企业向关键客户提供售后服务的必不可少的环节之一，企业要积极建立有效的机制，优先、认真、迅速、有效及专业地处理关键客户的投诉或者抱怨。

（5）增进与关键客户的感情交流。

企业应利用一切机会，如在关键客户开业周年庆典、获得特别荣誉、有重大商业举措的时候，表示祝贺与支持，这些都有助于加深企业与关键客户之间的感情。此外，当关键客户有困难时，如果企业及时伸出援手，也能提升关键客户对企业的感情。应该意识到，企业与客户之间的关系是动态的，企业识别关键客户也应该是一个动态的过程。一方面现有的关键客户可能因为自身的原因或企业的原因而流失，另一方面又会有新的关键客户与企业建立关系。因此，企业应对关键客户的动向作出及时反应，既要避免现有关键客户的流失，又要及时对新出现的关键客户采取积极的行动。

3. 集中优势资源服务于关键客户

关键客户对企业的价值贡献最大，但对服务的要求也较高。目前有些企业没有为关键客户提供特殊服务，让关键客户与小客户享受同等待遇，导致关键客户的不满情绪不断增长。

为了进一步提高企业的赢利水平，按帕累托定律的操作，即要为20%的客户花上80%的努力。企业要将有限的资源用在前20%的最有价值的客户上，用在能为企业创造80%利润的关键客户上。企业应该保证足够的投入，集中优势“兵力”，优先配置最多最好的资源，加大对关键客户的服务力度，采取倾斜政策加强对关键客户的营销工作，并向关键客户提供“优质、优先、优惠”的个性化服务，从而提高关键客户的满意度和忠诚度。

除了为关键客户优先安排生产、提供能令其满意的产品外，还要主动提供售前、售中、售后的全程、全面、高档次服务，包括专门定制的服务，以及针对性、个性化、一对一、精细化的服务，甚至可以邀请关键客户参与企业产品或服务的研发、决策，从而更好地满足关键客户的需求。

在对关键客户进行管理时，企业还要准确预测关键客户的需求，想到对方前面，为其提供能带来最大效益的全套方案和超预期的价值，给关键客户更多的惊喜。此外，企业也要增加关键客户的财务利益，为其提供优惠的价格和折扣，如一次性数量折扣、定期累计数量折扣、无期限累计数量折扣、直接折扣等，还要为关键客户提供灵活的支付条件和安全便利的支付方式，并适当放宽付款时间限制，甚至允许有一定时间的赊账，目的是奖励关键客户的忠诚，提高其流失成本。

另外，实行VIP制，创建VIP客户服务通道，可以更好地为关键客户服务，对拓展和巩固与关键客户的关系，提高关键客户的忠诚度，有很好的作用。

（二）普通客户管理法

对于普通客户的管理，主要强调努力培养、提升级别和减少服务、控制成本两个方面。

1. **努力培养，提升级别**

对于有升级潜力的普通客户，企业要努力培养使其级别上升，增加从普通客户上获得的价值。

面对普通客户，企业可以尝试以下几个方面的工作：

(1) 设计鼓励普通客户消费的项目。如常客奖励计划，及对一次性或累计购买达到一定标准的客户给予相应级别的奖励，或者让其参加相应级别的抽奖活动等，以鼓励普通客户购买更多数量的服务。

(2) 根据普通客户的需求扩充相关的产品线，或者为普通客户提供“一条龙”服务，以充分满足其潜在需求，从而增加普通客户的购买量，提升其级别，使企业进一步获利。

(3) 鼓励现有客户购买更高价值的服务。

总之，对于有升级潜力的普通客户，企业要制定周密、可行的升级计划，吸引普通客户加强与企业的合作。当然，普通客户升级为关键客户，理当获得更多更好的服务。

2. **减少服务，控制成本**

针对没有升级潜力的普通客户，企业可以采取“维持”战略，在人力、财力、物力等限制条件下，不增加投入，或减少促销努力，以控制交易成本，还可以要求普通客户以现款支付甚至预付。

另外，也可缩减服务时间、服务项目、服务内容，或只提供普通档次的产品或一般性的服务，甚至不提供任何附加服务。

（三）小客户管理法

对于小客户，企业通常的做法有两种：一种是“坚决剔除”，不再与其联系和交易；另一种是“坚决保留”，信奉“客户就是上帝”，无论小客户多么难缠，都不遗余力地与其保持关系。这两种做法都过于极端，不可取。

企业应当突破传统观念的束缚，在反复权衡利弊得失后再决定是不是要淘汰，怎么淘汰。

1. **有没有升级的可能**

对小客户的评判要科学，不要因为目前客户“小”，就盲目抛弃，而要用动态的眼光看趋势。企业应在认真分析小客户价值低的原因之后，判断和甄别这类客户是否有升级的可能，对客户采用不同的方式。

(1) 如果小客户有升级的可能，企业就应加强对他们的培育，帮助其成长，挖掘其潜力，可通过客户回访、邮寄赠品或刊物等不同的手段与这类小客户建立特殊的关系。

(2) 如果小客户没有升级的可能，企业也不能说淘汰就淘汰，要搞清楚是不是非淘汰不可。

2. **是不是非淘汰不可**

开发一个新客户的成本相当于维护 5～6 个老客户的成本，因此，企业必须珍惜现有的每一个客户，慎重对待每一个客户。虽然一些小客户给企业带来的利润很少甚至根本没有利润，但是他们仍然为企业创造和形成了规模优势，在降低企业成本方面功不可没。因此，保持一定数量的低价值客户是企业实现规模经济的重要保证，是企业保住市场份额、保持成本优势、遏制竞争对手的重要手段。

企业在决定淘汰小客户时，要权衡利弊得失，纵观全局，认真研究是不是非淘汰不可。

3. **有理有节地淘汰**

假如企业非淘汰某些小客户不可，应当有理有节地淘汰。

（1）为什么要有理有节地淘汰。

如果企业直接、生硬地把小客户“拒之门外”，可能会引发小客户对企业的不良口碑，对企业不满的小客户可能会向其他客户或者亲戚朋友表达他们的不满，给企业形象造成不良的影响。

此外，被“裁减”的小客户还可能投诉企业，而且媒体、行业协会等社会力量也有介入的可能性，企业可能背上“歧视消费者”这个“黑锅”。

所以企业在这方面一定要小心谨慎。

（2）怎样有理有节地淘汰。

选择中止客户关系只能作为一种最后的手段，必须稳妥、专业地进行，千万不能刺激这些客户，可以考虑采取提高价格或降低成本两种基本方法。

1）提高价格。

对于小客户而言，他们关心更多的往往是价格，因此提高价格是淘汰小客户的一种方式。提高价格的方式有多种，这里简单介绍三种：

一是提高无利润的服务的价格，或者取消无利润的服务。如果该服务在市场上仍然有良好的发展前景，值得保留，那么可以提高其价格，从而使其变成赢利服务。如果该服务已经没有发展前景，根本不值得保留，那么就应该放弃，把资源转到能带来更大利润的服务上去。

二是向小客户收取以前属于免费服务的费用。这样，真正的小客户就会流失，而其他选择留下的小客户就会增加企业的收入，从而壮大普通客户的行列。

三是向小客户推销高利润的服务，使其变成能带来利润的客户。

2）降低成本。

这主要是指降低用在小客户身上的成本。

一是适当限制为小客户提供的服务内容和范围，压缩、减少为小客户服务的时间。如从原来的天天服务改为每周一天提供服务，从而降低成本、节约企业的资源。

二是运用更经济、更省钱的方式提供服务，如从原来面对面的直接销售方式转为电话销售或由经销商销售，这样既保证了销售收入，也减少了成本，提高了利润水平。如果能够削减花在低价值客户上的成本，企业就能创造更高的收益。

实际上，提高价格或降低成本的目的是让不带来利润的客户要么接受提高价格或降低成本成为产生利润的客户，要么选择离开。通过间接的方式，让小客户自行选择去留。

（3）坚决淘汰信用低的客户。

对于赖账的客户，一是动员各种力量对其施加压力，二是必要时采取法律手段。

适时终止与没有价值、负价值或者前景不好的客户的关系，企业才能节省有限的资源去寻找和服务于能够更好地与企业的利润、成长和定位目标相匹配的新客户和老客户。

物流企业针对不同级别的客户采取分级管理和差异化的激励措施，可以使企业在成本不变的情况下，产生可观的利润增长，这也是对客户进行分级管理的理想境界。

五、客户分级在CRM系统中的应用

在CRM系统中，很好地体现了客户分级的特色。

（一）提供了自动客户分级的功能

CRM系统提供自动与手工划分两种方式的客户级别划分工具。一是CRM系统可以根据历史交易的情况，如销售订单的金额或信用状况等，从高到低进行排列，然后按照预定划分的比率，把客户分成A、B、C等几级。二是可以在系统自动划分的基础上，再根据实际的情况，对客户分级进行一定的调整。

（二）提供相关的报表，为具体的客户政策的制定提供数据支持

CRM系统提供了相关的报表，如客户分级报表等，可以非常明显地看到客户的级别及每个指标的具体值，如信用状况、下单金额等，高层管理者可以在这张报表的基础上进行相关的决策，如调整付款条件、给予价格折扣等。

（三）在客户投诉等处理环节上，给予高级别客户更高的待遇

当两个级别的客户同时向企业进行投诉时，CRM系统在排序时会把重要性级别高的客户投诉排在前面，优先处理级别高的客户投诉，以提高客户满意度。

CRM系统还可以根据客户级别的不同，分别设置不同的响应时间，如可以规定客户级别高的投诉在3天内处理完毕，而客户级别低的投诉在5天内处理完毕。如此控制，来提高重点客户的满意度，争取销售订单。

（四）可以优先考虑客户级别高的订单

当不同客户的订单碰头时，企业就面临着一个艰难的选择：先完成谁的订单；或者两家客户的订单都要占用仓库面积，而仓库暂时无法满足两张订单时，应优先满足哪张订单。系统可以设置客户级别高的订单优先，即优先满足客户级别高的订单。

20%的客户给企业创造了80%的价值，那企业当然要把80%的精力花在这20%的客户身上。这说说容易，但是在以前手工管理阶段很难实现，因为统计困难、管理困难、追踪困难。

而自从有了CRM系统就解决了这三大困难。自动分级与手工分级相结合后，最复杂的分级原则都可以实现；相关的报表及管理工具，为按照级别对待客户提供了平台的支持；而相关的追踪工具，如投诉处理延迟表等报表，又可以帮助管理者查询关键客户的投诉处理情况，这为对关键客户的追踪提供了支持。有了CRM这个管理工具，相信企业能够在把握20%客户的同时，争取剩余的80%的客户，在未来的客户关系管理中，实行“区别对待”的原则，实现客户价值的最大化。

案例

马士基物流想顾客之所想

当今，商业物流和客户联盟常与其他的远洋运输物流业者展开激烈的竞争。物流业的佼佼者马士基物流也发现，自己的竞争对手不仅有业内企业，还有包括远洋运输物流业以外的企业，如联邦快递、联合包裹服务和德国邮政。

马士基相信，远洋运输业的改革势必改变运输物流业的现状。在这种形势下，客户也提出了希望得到综合物流服务的要求，这对公司是一个挑战。快递公司想通过与速递、非航运运输及第三方物流企业合作来扩大它们的海运服务范围。这些公司提供各式各样的物流服务，它们的目标与马士基一样，都是希望客户以最小的代价得到最快捷、可靠的送货上门服务。

马士基物流公司是当今最大的货运物流企业之一。它在世界各地有160多个办事处，3 000多个雇员。而以前的名字——商业物流和客户联盟变成了今天的马士基物流。因为“马士基”这个名字在航运界有广泛的知名度和信誉，使拥有这个名字成为令人骄傲的事。但与此同时，管理这么庞大的物流网络，马士基究竟有什么诀窍?

马士基物流分为美洲分公司、欧洲分公司和亚太分公司。在美国，马士基有7个办事处，在欧洲有40多个，在我国也有13个。这些办事处分地区处理着公司的物流业务。同时，公司在美国还有4个自己的物流货仓网络，负责货物的转运、存储。实际操作中，在统一的经营方针指导下，马士基物流又分成了9个分部：货场管理、供应链管理、空运、NVO服务、信息技术、金融、公关和市场、商业过程和仓储分运。这些部门由商业和客户两方组成，由于减少了中间环节，运作得非常好。它们彼此间的默契配合并不仅仅靠总部的统一命令，而是更多靠减少中间环节来实现。为了更好地为客户服务，马士基还与一家中间转运公司达成合作协议，此中转公司有6个办事处专门为马士基的客户服务，提供中转及NVO服务。马士基本身有能力完成中间商的工作，但考虑到客户与中间商长久而密切的合作关系，马士基还没有决定扩大自己的服务网络来代替中间商所起的作用。

在北美，马士基物流重新培训了95%的原公司雇员。组建新公司时，公司从来没想到要裁员。公司的雇员与客户非常熟悉，并建立了良好的关系。公司认为，雇员是公司的财富。在马士基物流，数据传送电子化与货运有着同等重要的地位。在过去的5年中，公司为实现物流服务的计算机系统化，投入上百万美元，建立适合公司业务发展的系统——M. Power，可以在多种操作平台以及电子数据交换机和互联网上工作。M. Power使各级别的客户都可以跟踪其业务过程。若想了解客户的货现在哪里，问M. Power就可以了。什么时候货物能到配货中心，M. Power也知道。这样避免了估计上的错误，也不用不停地与各方面联系，M. Power可以24小时工作。在信息处理上，马士基也与其他公司进行合作。它的前竞争对手——Sea-Land物流，有它自己的客户协调系统和航运跟踪系统。现在，这些系统并入了M. Power系统，为马士基的客户服务，跟踪货物运输的全过程，使M. Power的工作更加完美。

马士基的信息自动化并非到此为止，它还想把供应链全部自动化。公司的技术人员正在努力使系统自动接收航班发货地的数据。通过研究发现，自动化的“瓶颈”往往来自供货商，所以它们给供货商提供了一个网站，让供货商能输入班轮信息，自动发到系统上而不必打印出来或发传真。马士基生产了不少终端系统给供货商使用。公司在计算机设备上花了上百万美元，免费为客户安装，使客户工作起来更方便，这是马士基的主要目的。马士基一直关注新技术的发展，希望公司与客户一起发展，跟上时代前进的步伐。

拓展任务

1. 物流企业如何进行客户细分？
2. 物流企业进行客户细分的优缺点有哪些？

实训练习

基础练习

1. 按照客户金字塔模型，可以把客户分成（　　）。

A. 潜在客户、新客户、常客户

B. 重要客户、主要客户、普通客户、小客户

C. 贵宾型客户、重要型客户、普通型客户

D. 有价值客户、怠慢客户、有希望客户

2. 观察法的优点（　　）。

A. 客观收集资料　　B. 集中了解问题

C. 收集的信息全面　　D. 灵活性强

答案： 1. B　2. AB

拓展任务

沃尔玛的客户数据库

沃尔玛在中国顺利运行的系统包括：存储管理系统、决策支持系统、管理报告工具以及扫描销售点记录系统等。这些技术创新使得沃尔玛能够成功地管理越来越多的营业单位。当沃尔玛的商店规模成倍地增加时，它们不遗余力地向市场推广新技术。比较突出的是借助 RFID 技术，沃尔玛可以自动获得采购的订单，更重要的是，RFID 系统能够在存货快用完时自动地给供应商发出采购的订单。此外，沃尔玛引进到中国的技术创新是一套“零售商联系”系统。“零售商联系”系统使沃尔玛能和主要的供应商共享业务信息。举例

来说，这些供应商可以得到相关的货品层面数据，如销售趋势、存货水平和订购信息等。通过信息共享，沃尔玛能和供应商们一起增进业务的发展，能帮助供应商在业务上不断扩张，掌握更多的主动权。

任务	分析沃尔玛的客户数据库有哪些特点
完成时间	1学时
任务目标及要求	熟练运用客户数据挖掘技术的相关内容对沃尔玛的客户数据库进行探讨
研讨内容	客户数据库建立分析及客户分类等
研讨成果	需依据所学知识得出相关结论，有理有据即可
讨论过程	分小组讨论
自我角色	组长、组员
评价	分别由其他小组及老师打分

项目五 物流企业客户关系的维护

问题引入

沟通协助成功

周四上午，某服装公司的会议室里，大客户销售部陈经理正与业务员们讨论大单跟踪情况，平时业绩口才俱佳的小张却一言不发。原来小张盯了大半年的客户某购物广场要与另一家服装公司签订6 000套工装的订单。向小张简单问了该广场项目负责人苏总的情况后，陈经理回到了自己的办公室，开始琢磨如何再把这个客户拉回来。星期天上午，当苏总如约来到公司会客室时，陈经理背对门口正在自己的手提电脑上兴致勃勃地看一些图片，苏总瞄了一眼，“那不是本广场的资料吗？”他心想，但他没有吭声。片刻的寒暄后，双方轻描淡写地介绍了各自公司的经营状况。突然，陈经理表情严肃起来，说广场的现场管理确实有不少的隐患，并同时打开一组照片，苏总大吃一惊：这么杂乱，这是广场的现场？苏总问这些照片都是从哪里弄来的，因为商场不允许摄像啊。陈经理在请求谅解之后阐述了自己对各种终端现场的兴趣以及看法。陈经理的独到见解，对苏总来说是既富有创意又极具借鉴作用的，甚至有的可现学现用。他们谈了很多现场管理的事情，工装订单的事陈经理只字未提。周一一上班小张就接到苏总的电话，让他把原先拟好的协议拿过去，同时请他转告陈经理抓紧时间安排生产，不要耽误五一假期的活动推广。

问题：

1. 在这个案例中，陈经理是靠什么把苏总的订单拉回来的？
2. 通过这个案例，你感受到沟通具有怎样的魅力？

任务导读

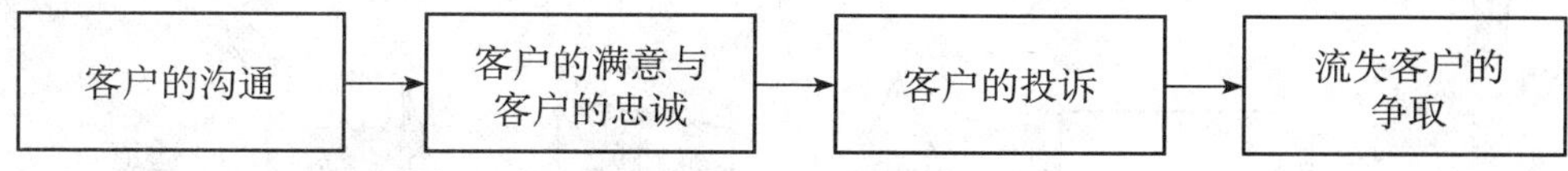

学习目标

知识目标：

1. 掌握客户满意的内涵。

2. 正确理解客户忠诚，掌握客户忠诚的影响因素及其衡量。

3. 掌握客户流失的原因。

4. 了解如何进行客户沟通。

能力目标：

能够运用所学的知识，对客户的信息进行初步的收集，掌握与客户沟通的渠道及策略，掌握处理客户投诉时的方法和注意事项，学会运用提高客户满意的方法及培养客户忠诚的方法，能够对客户流失的原因进行分析，并根据具体情况制定客户挽回的措施。

任务一　客户的沟通

案例导入

培养沟通能力首先要有积极的心态，理解客户，关心客户，不要消极回避，要敢于接触，尤其是要敢于面对面与客户进行交流和沟通；其次要从小做起，注意社交礼仪，积少成多；再次要善于去做，大胆，消除恐惧，加强沟通方面的知识积累，在实际的沟通中去体会，把握沟通中的各种方法和技巧。另外，要认识到在与客户的沟通中，打动客户的是真诚，以诚交友，以诚办事，真诚才能换来与别人的合作和沟通，真诚永远是人类最珍贵的感情之一。

知识探究

沟通（如图 5－1 所示）就是营销人员或客户开发人员与现实的和潜在的客户保持联系，及时把企业的产品介绍给客户，同时注意了解客户的需求。沟通是营销人员或开发人员的基础工作，是现代企业和营销人员成功的秘诀和保证。

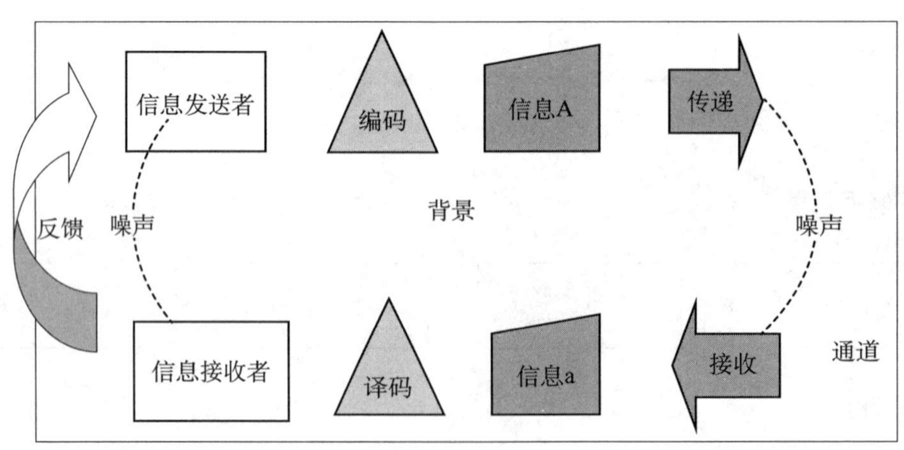

图 5－1　沟通过程

一、客户沟通的原则

（一）摆正客户（信息发送者）的角色

牢记沟通的目的是增进工作环境的人际关系，产生积极的行动。交流前，务必认清事态、了解困难、找出问题，然后安排好主次关系。另外，还必须牢记一点，即很可能没有掌握全部信息，要三思而后行。

（二）从客户（信息接收者）的需要出发

选择正确的沟通途径，如是通过电子信函、会议的形式，还是打电话。传达的信息要切合客户的需要，为客户提供全部信息时应使用明确的、不带威胁性的语言。如果是面对面交谈，要特别注意语调和身体语言。

（三）吸引客户参与

与客户（信息接收者）直接对话，并让其相信所提供的信息是其感兴趣的，目的是要吸引对方参与进来。客户发表意见时应该用心倾听，确信对方明白了所传递的信息，同时了解其反应。还要让客户（信息接收者）参与解决问题，征求其看法、对当前工作轻重缓急的安排以及工作建议等。

（四）通过交流激发行动

要心平气和地讨论分歧，着眼于相互理解。一旦双方达成共识，就要确定各自应采取的行动，以及此后进一步跟进的步骤。

（五）坚持平等、互惠、信用、相容、发展原则

只有平等地建立良好的人际关系，遵循互惠互利的商业道德原则，实事求是、讲究信用，设身处地为客户着想，理解客户、包容客户，秉持发展的理念，才能协调与客户的关系，树立企业形象。

二、客户沟通的流程和作用

（一）客户沟通的流程

一方面要建立客户档案，它是进行有效沟通的基础。客户档案包括经营情况，个人的志趣、爱好，重要的纪念日等，以利于与客户的交流。另一方面，加强感情交流也是很重要的。

1. 沟通前的准备

首先要拟订沟通计划，包括到哪里、和哪些客户交流，怎样交流，交流些什么，交流到什么程度。其次要准备一些资料、话题，以便沟通时引用、举证。最后要熟记客户的基本状况。如果对客户的现状、经营活动一无所知，客户会感觉生疏，沟通难以开展。要寻

找共同语言，注意客户信息的收集和利用。

了解对方属于重点客户还是一般客户，要充分掌握公司的销售政策、价格政策、促销政策等，了解新政策的详细内涵。当公司推出新产品时，营销人员要掌握新品的特点和卖点。另外，营销人员还要掌握社交礼仪的常识，包括自己的穿着打扮是否得体，从微笑、握手到坐姿都有许多细节要注意。比如微笑，人际关系交往的原则告诉我们，没有一个人会对愁眉苦脸、心事重重的人产生好感，所以我们要微笑，要让自己的情绪感染客户的情绪，让客户觉得跟自己打交道很愉快，这样就建立了跟客户的联系，为今后工作打下良好的基础。

2. 沟通的要点

沟通的一个要点是要站在客户的立场上，想客户所想，为客户省钱、赚钱。用最少的钱做最大的生意，在省钱的同时，追求效益的最大化。急客户所急，把客户的事当成自己的事，帮助客户解决各种困难和问题。

沟通的另一个要点是先交友，后做生意。业务关系说穿了就是人际关系，所以，如何与客户做朋友很重要。提倡熟悉客户、研究客户，在研究客户的基础上进行沟通，让客户感觉找到了内行，对其市场和产品很了解，对经营有帮助，从而乐意交往，并听从劝告。

3. 沟通的内容

（1）提供信息。包括企业把产品或服务的信息传递给客户，也包括客户将其需求或者要求的信息反映给企业，还包括有关的政策，向客户传达、宣传所采取的行动。企业把其宗旨、理念介绍给客户，并使客户认同和接受所采取的行动。

（2）作出指示。这可以通过各种沟通渠道来进行。在作出指示时，要注意以下几点：

1）进一步解释。

2）切记要提供相关的文件，这可以帮助解释复杂的情况。

3）确信说清了要求的最后期限。

4）给对方提问的机会。

5）确信如果有必要再次传递信息时，对方会合作。

6）如果对方需要帮助，确保对方知道去找谁。

7）要告知对方此项任务的原因以及为什么需要其参与。

8）允许对方对执行指示作出某种形式的反馈。

（3）得到反馈。企业主动向客户征求意见，或者客户主动将对企业的意见（包括投诉）反映给企业。

（二）客户沟通的作用

企业通过与客户的沟通，可把企业产品或服务的信息传达给客户，把企业的宗旨、理念介绍给客户，使客户知晓企业的经营意图，还可以把有关的政策向客户传达、宣传，并主动向客户征求对企业产品或服务及其他方面的意见和建议，理解客户的期望，从而加强与客户的情感交流。

1. 客户沟通是实现客户满意的基础

客户满意度的高低很多时候在于服务人员与客户的沟通是否到位。就好比服务人员上门维修时，如果能做到一见面就创造一个良好的沟通界面（如一个微笑，一句友好的开场白），客户就会觉得很亲切，满意度自会提高。

有效的沟通有助于更多地获得客户的谅解，减少或消除客户的不满。保持与客户的双向沟通非常重要，企业经常与客户沟通，才能了解客户的实际需求，理解客户的期望，特别是在企业出现失误时，与客户进行售后沟通可减少退货情况的发生。

例如：某汽车公司的做法是向新买主发祝贺信，说明该公司可以提供的售后服务，并通过广告来宣传其他购买者对产品的满意评价。每逢节日，该公司还会给客户赠送贺卡。这样当客户买车时自然会先想到该公司。

根据美国营销协会的研究，企业只有加强与客户的联系和沟通，才能与客户建立良好的关系。客户的不满意有1/3是因为产品或服务本身有毛病，其余2/3的问题是由于企业与客户的沟通不良。可见，客户沟通是使客户满意的一个重要环节。

2. 客户沟通是维护客户关系的基础

如果企业与客户缺少沟通，双方的关系可能会因为没有及时消除误会而被破坏。客户沟通是影响企业与客户关系的一个重要因素。企业经常与客户沟通，才能向客户传达双方长远合作的意义，描绘合作的远景，才能了解客户的需求，在沟通中加深与客户的感情，稳定客户关系，从而使客户重复购买的次数增多。

因此，企业只有及时、主动地与客户保持沟通，建立顺畅的沟通渠道，才能维护好客户关系，赢得一大批稳定的老客户。

三、企业与客户沟通的策略

一般来讲，沟通失败有以下几个原因：只考虑自己的想法而不顾及客户的感受；只从自己的需要出发并操之过急；不愿意同权威人物进行深入交流，或者压制对方使之无法反馈真实信息；表达的信息不充分；由于音调、用词、身体语言不当，使客户产生误解。

下面是企业与客户有效沟通的一些策略。

（1）注重细节。客户对企业的感受，从第一次的见面，或者第一次电话交谈就开始了。注意每一个细节，给客户一个好印象是很必要的。比如：要根据现场客户的具体反应作出响应。或者有些客户看重的是企业本身的观察力及执着，企业应努力找到客户的一些喜好，通过小的细节来打动客户并说服其签单。

（2）根据客户的实际情况与其讨论具体需求。如果先听一听客户的声音，真诚地与其沟通，交换双方的观点，就可以与客户建立真正的真诚关系。全神贯注于客户的需求，并从正在进行的沟通交流中学习。

（3）尽快给联系过的客户反馈，最好在一周内完成。如何给客户反馈表现出企业怎么对待自己的业务，这不仅指对客户要求的快速响应，而且要对投诉说“谢谢”。行动比语言更有说服力。

（4）了解客户对产品或服务的真实感觉。仔细研究客户反馈和以往的市场调查报告，并与企业内负责客户服务的部门联系。注意每一个意见，特别是反面的、批评的意见。虽然那些反面的、批评的意见会很让人不舒服，但企业可从中知道客户为什么不满意，并督促自己在以后的发展中将这些因素去除掉。

（5）选择专业的客户交流人员。最好选择一个在企业的目标客户群体关注的刊物或媒体上发表过文章或评论并有一定影响的人来专门负责与客户交流，其文章能在一定程度上宣传企业并影响目标客户。企业应向客户提供内容新颖、独特并经过证实的翔实材料。

(6) 制订范围广、多样化的客户关系发展计划。赋予客户拥有多条退路的忠诚计划，仔细建立包括产品和产品使用的多样化的长期沟通平台。计划不是独立的自我服务的系统，而是相辅相成的。

(7) 避免导致麻烦的、无谓的讨论，保持公司的声誉和形象。拒绝那些关于销售价格、产品展示、突发事件或广告等无休止的讨论。太多的市场行为将会破坏已建立的与客户良好的关系，或使这种关系停滞不前。

(8) 广告要引人注意且与众不同。要让客户知道，本企业与其竞争对手是不一样的，让每次广告都造成不同的冲击和影响。

(9) 发给客户的信件要逐字推敲，以引起客户注意。回复客户的信件通常是公司关系市场活动的一部分，如果对客户的反馈及时回复令客户非常满意，将对企业产品的发展起到有力的促进作用。

(10) 选择积极的用词与表达方式。沟通用语应当尽量选择体现正面意思的词。比如：要感谢客户在电话中的等候，常用的说法是“很抱歉，让您久等了”。这“抱歉”“久等”实际上在潜意识中强化了对方“久等”这个感觉。比较正面的表达可以是“非常感谢您的耐心等待”。如果一个客户就产品的一个问题几次求助，想表达让客户看到真正解决问题的期望时说“我不想再让您遇到麻烦”，就不如说“我这次有信心使这个问题不再发生”，这样就比较顺耳。

(11) 给予客户独特的待遇。独特的待遇包括客户在其他地方不可能获得的特殊待遇，或者难以得到的特别的信息和服务，让其感到能做到这些的只此一家。

一个起步不久或名气不大的企业，需要靠自己的坦诚及认真的态度来打动客户，具体情况还要具体分析。

拓展任务

1. 就你熟悉的沟通渠道，谈谈在沟通时的注意事项。
2. 你认为要达到有效沟通需要掌握的技巧有哪些？

任务二　客户的满意与客户的忠诚

案例导入

海尔物流管理的“一流三网”充分体现了现代物流的特征。“一流”是以订单信息流为中心。“三网”分别是全球供应链资源网络、全球用户资源网络和计算机信息网络。“三网”同步运作，为订单信息流的增值提供支持。

海尔物流的“一流三网”同步模式可以实现四个目标：

(1) 为订单而采购，消灭库存。在海尔，仓库不再是储存物资的水库，而是一条流动的河，河中流动的是接单采购来的生产必需物资，从根本上消除了呆滞物资，消灭了库存。

(2) 双赢，赢得内部资源的整合，赢得全球供应链网络。海尔通过整合内部资源，优化外部资源，使供应商由原来的2 336家优化至978家，国际化供应商的比例却上升了20%。不仅如此，更有一批国际化大公司以其高科技和新技术参与到海尔产品的前端设计中，目前可以参与产品开发的供应商，比例已高达32.5%。

(3) 3个JIT（准时制），实现同步流程。海尔物流通过3个JIT，即JIT采购、JIT配送和JIT分拨物流，来实现同步流程。目前，海尔的所有供应商均可在网上接受订单，并通过网络查询计划与库存及时补货。货物入库后，物流部门可根据次日的生产计划利用ERP（企业资源计划）信息系统进行配料。

(4) 实现了与用户的零距离，达到质量零缺陷的目的。在企业外部，海尔CRM（客户关系管理）和电子商务平台的应用架起了与全球用户资源网络、全球供应链资源网络沟通的桥梁，实现了与用户的零距离。在企业内部，计算机自动控制的各种先进物流设备不但降低了人工成本，提高了劳动效率，还直接提升了物流过程的精细化水平，达到质量零缺陷的目的。

知识探究

一、客户满意度的调查

随着市场竞争的加剧，客户有了更加充裕的选择空间，竞争的关键是哪家物流企业更能够让客户满意。谁能更好地、更有效地满足客户需要、让客户满意，谁就能够营造竞争优势，从而战胜竞争对手、赢得市场。要想了解客户的满意度，首先需要对客户满意度进行调查。

（一）设计客户满意度调查表

对一般物流企业来说，满意度调查最好聘请专业的调查公司来进行。专业调查问卷设计的重要性绝不低于挑选一个好的执行单位。

一般来讲，调查表应考虑如下内容：

(1) 调查表中的评估项目、评估项目占满意度总分的比率，以及每一项目的具体评估小项、评估小项占该项目分值的比率。

(2) 调查表中客户满意度的评估方法。针对每一评估小项，由客户给出满意度的等级或原始分数，可将评估等级换算成原始分数。

(3) 调查表中的评估项目数量、评估小项数量，以及它们所占的分值比率可根据调查表对象的不同而进行适当调整。因为顾客在填写此类问卷时，比较容易慷慨地给予偏高的分数，特别是当顾客不觉得自己是匿名作答，或者认为答案会影响工作人员的前途时，出于“栽花不栽刺”的心理特别容易选择倾向正面的答案。

(4) 调查者。比较典型的是，企业通过利益关系人调查，结果往往失真。如果企业以满意度高低为依据决定员工的薪金，会使员工寻求提高分数的方法，甚至直接请求客户给自己一个较高的分数，或者牺牲企业的利益来换取较高的分数，因此客户满意度往往会偏高。

(5) 调查方式。通过什么途径、在什么时间和什么区域对客户进行调查是决定调查结果的重要因素。比如：通过网络调查年轻人对某产品的消费态度与在老年人活动中心的调查结果可能很不一样，在受访者忙碌时的调查结论和闲暇时的结论会不一样，在农村与在城市调查的结果也会不一样，因此要针对不同对象采用合适的方式在合适的情境中进行调查。

(二) 客户满意度调查的实施

客户满意度调查可以利用多种手段：发邮件、打电话、上门、发电子邮件、产品包装内附、服务现场发放表格等。这里主要介绍抽样方式和利用呼叫中心进行客户满意度调查。

1. 抽样方式客户满意度调查

客户满意度调查中所用到的抽样方式是随机抽样。根据调查对象的性质和研究目的的不同，随机抽样的方式主要有：简单随机抽样、等距抽样、分层抽样、整群随机抽样等。

(1) 简单随机抽样。

研究人员必须先将总体单位逐一编号，再根据随机数码表中数值的出现顺序，对照总体单位的号码，逐一确定调查单位。身份证号码、工作证或学生证号码等都是消费者抽样调查时可以利用的编码资料。

(2) 等距抽样。

调查人员需先对总体单位进行编码，然后确定抽样间隔。从第一个间隔中按简单随机抽样方法抽取第一个调查单位，即抽样起点，随后按规定的间隔，逐一抽取调查单位，组成调查样本。

(3) 分层抽样。

分层抽样是指将所要调查的总体按照某一重要的标志分为若干个层（类），使同层中的单位特性相同，层与层之间的特性相异，然后在每一层中采用简单随机抽样或等距抽样方式抽取单位样本。如可以选用客户的收入水平作为分层标志，分为高、中、低三个层次，然后在每层中分别进行简单随机抽样或等距抽样。

(4) 整群随机抽样。

整群随机抽样是“一批批”地抽取样本单位。调查人员若想使用整群随机抽样的方法来确定调查样本，就必须将总体分成若干群，随后再给逐一编号，最后根据随机数码表的数字出现次序，抽取其中的若干群构建成一个调查样本。此时若是每个群体的大小不一，那么调查人员在抽样前就无法确定样本容量大小。例如：为了调查某城 A 品牌学生奶的质量，可以从该市所有饮用该品牌牛奶的单位（学校）中，随机抽取几个学校，对所有选中的学校中的每一个饮用 A 品牌牛奶的学生逐个进行调查。

2. 利用呼叫中心进行客户满意度调查

（1）呼叫中心简介。

呼叫中心（call center）又名客户服务中心。早期的呼叫中心应用就是今天的热线电话、咨询电话，由受过训练的话务员专门接听、处理来电客户的各类问题，如咨询、投诉、建议等。随着计算机技术、通信技术、网络技术、客户需求及各行各业其本身业务的发展，呼叫中心通过电话系统，在人工座席或计算机应答设备的引导下，把客户的查询与某个电脑资料库连接起来，将有关信息播送给客户，并取得来自客户的反馈信息。基于"计算机-语音集成技术"的呼叫中心，可以从事信息咨询、电话销售、在线技术支持、售后服务和电话促销等商务活动，是一种用途广泛、使用障碍极少的商务模式。特别是近年来随着计算机技术的普及和软硬件价格的走低，呼叫中心从一些高端企业转向平民化应用，已经开始走向普及。

呼叫中心涉及计算机软硬件技术、Internet 技术、计算机电话集成技术（CTI）、数据仓库（商业智能 BI）技术、客户关系管理（CRM）技术、交换机（PBX）通信技术、企业 ERP 技术和企业管理、项目管理、团队管理等方面的内容，已经成为一个统一、高效的服务工作平台，将企业内分属各职能部门为客户提供的服务集中在一个统一的对外联系"窗口"，采用统一的标准服务界面，为客户提供系统化、智能化、个性化的服务。呼叫中心已经成为与企业连为一体的一个完整的综合信息服务系统，是企业运营不可或缺的一部分。

（2）呼叫中心的作用。

1）处理内向型（in-bound，即客户打电话进来）订单业务。

2）接受销售人员、渠道伙伴和客户的咨询。

3）打外向型电话（out-bound，即向外打电话）以保持与客户的联系并发现新的商机。

4）展开售后客户满意度调查，一方面充实客户偏好和满意水平的数据，另一方面提高客户的忠诚度和对公司的辨识力。

5）分担区域销售队伍（或其他销售渠道）部分售后服务工作，以平衡销售人员的时间分配，并减少销售费用。

6）有助于建立客户档案及历史资料，与客户保持一个更有系统性、更有效率的联系。使用客户维系管理软件，可以通过电子邮件的方式将通话记录传送到其他部门。

（3）利用呼叫中心进行客户满意度调查应该遵循的基本原则。

选取有效的调查样本：调查的样本数量要满足统计学上的有效样本要求，同时还要有效代表不同类型的客户群体（产品或服务种类、地域、贡献价值、联络频率、新老客户等）。仔细设计每一个问题，避免出现以下类似情况：

1）一个问题问两件或多件事情，如：您的问题是否得到了及时、有效的解决？

2）使用专业术语，如：您对 CRNP 满意吗？

3）问题量过大，占用客户太多时间。

4）问题跟本次调查的目的相关性不大。

5）问题容易产生歧义，不同的人对之会有不同的解释。

在让客户对问题所涉及的方面进行满意度评价时，还应该让客户评价每个问题对自己的重要程度，这样可以帮助呼叫中心明确界定那些重要并紧急的问题，从而立刻采取改进行动。在进行大规模调查前，先进行小范围测试，根据测试效果对问卷及调查方式进行微调。调查尽量简短、明确，并给客户留出建议或直言的机会。

（4）呼叫中心客户满意度调查应包含的问题。

呼叫中心应该根据调查的目的以及针对人群来决定调查问卷所包含的主要内容。一般来讲，既要包含一些对服务整体评价的一般性问题，也要包含针对所服务的企业产品或服务特点的具体性问题。一般性的呼叫中心服务满意度调查应该包含以下问题：

1）对服务的整体质量满意程度。

2）对等待时长的满意程度。

3）对客户服务代表专业知识与技能水平的满意程度。

4）对解决问题的效率或时效性的满意程度。

5）对所建议的解决方案的针对性及有效性的满意程度。

6）对客户服务代表整体的语音、语调、礼貌及态度的满意程度。

7）对呼叫中心整体服务的评价或建议（开放性问题）。

尽管呼叫中心的调查需要呼叫人员具有专门技能，但利用主动呼出进行满意度调查依然较其他许多方式具有优越性。例如：在网络、邮件上的被动调查，因为是等人上门，通常怨气较大的客户会占较大比例。入户调查也有许多限制因素。而主动呼出可以有效地保证样本选择的代表性，对质量的控制及问题的发现都有具体的保障。如果结合经常性的客户接触活动，更会让客户感受到企业的重视与关怀。

3. 调查实施的关键因素

下列因素对客户服务满意度调查的影响是最直接的。

（1）问题定义。

采用什么途径和方式对哪类客户或客户层次进行调查，目标是什么，需要解决什么问题，客户对象是谁，调查的对象是客户中的一般客户、合适客户还是关键客户，由谁来调查，调查的途径是什么，上述这些问题应该在调查之前就明确解决，不能含糊。

（2）调查准备。

包括制定规程、人员培训、小样本试调查、发现问题、解决问题、完善指标。

（3）设计指标。

指标应体现层次性，抓住问题的关键，不可空泛。

（4）制定方案。

调查方案是对整个调查活动的预见，应详细，对可能遇到的问题都应有解决措施，要有进度计划和可操作性规范，禁止随意性，保证信息具有可比性。

（5）组建团队。

选择合适的人员组成团队，团队里面应该有企业领导、专业岗位骨干和专家，保证调查信息的全面性和专业性。

（6）受访者因素。

大多数不满意的客户会选择沉默或者离开，不会对调查人员讲出自己的真实想法。

（7）满意度调查后应当有后续的感谢、改进等行动。

除了企业内部需要制定改进举措外，还应当给被调查者足够的反馈，至少是对其参与表示感谢。

（8）信息审核、汇总与统计分析。

对调查资料进行分析是客户满意度评价最核心的工作。同样的资料，运用不同的分析手段和分析方法，得出的结论可能有质的区别，如是否抓住问题的实质和关键，参考价值的大小等；同样的资料、同样的分析方法和手段，不同的分析师得出的结论价值也不一样，这就是分析师为什么有高级、中级、初级之别。因此，企业可以将调查与分析这两个阶段相对分离，即企业可以将自己的调查资料委托给专业的分析师进行分析，以保证结论的价值最大化。

4. 分析与利用客户满意度信息

（1）填写“服务总结报告”。

客户服务部每季度对前一阶段的服务情况（包括服务取得的效果、服务中存在的缺陷、客户意见、客户投诉次数、交货准时性等）进行总结并填写“服务总结报告”。

（2）客户满意度调查结果的统计分析。

报告应包括以下几个方面：

1）技术报告。样本是保证结果是否具有代表性的关键。此部分应详述如何定义调查对象、其代表性如何、样本如何构成、采用何种抽样方法、具体的抽样步骤以及抽样中可能存在的偏差等。

2）现场报告。现场访问是保证结果真实性的关键。此部分应详述调查员的选择、培训、督导中遇到的问题、实施进程，并说明如何对调查进行复核。

3）数据报告。通过百分比列表、图形、简单的陈述文字说明本次调查的主要结果。

4）分析报告。通过适当的分析方法和手段的合理运用对调查结果中的内在关系进行分析，用文字和图形说明分析结果。

5）结论与建议。研究人员根据数据报告、分析报告、案面研究、个人经验给出本次调查结论与建议，这些可能会对决策者有直接的意义。

每次进行客户满意度调查后，客户服务部都要对收回的“客户满意度调查表”按产品型号规格或客户的类别（经销商、最终客户）进行分类整理和统计分析，计算出下列数据：

每一个评估小项的平均分数＝评估小项的原始分数之和÷调查表数量

每一个评估项目的原始分数＝该项目中每个评估小项的原始分数×设定比率

每一个评估项目的平均分数＝评估项目的原始分数之和÷调查表数量

每一个被调查客户的满意度＝每一个评估项目的原始分数×设定比率

客户的平均满意度＝每一个被调查客户的满意度之和÷调查数

（3）整理出“客户满意度调查结果及分析报告”。

根据对“客户满意度调查表”的统计分析及从其他渠道获得的客户满意度信息（如消费者组织的报告、新闻媒体的报道、产品监督机构的公告、权威机构的调查报告、行业协会的调查、客户投诉等），整理出“客户满意度调查结果及分析报告”。

（4）根据结果适时要求有关部门改进。

如发现客户满意度下降，或某些评估项目（包括评估小项）分值很低，或客户有明确投诉或建议时，应适时要求有关部门采取改进、纠正和预防措施。

最后，需要注意的是，有时客户在被调查时的反应可能受某些主观因素影响，在回答各类问题时不一定会给出最客观的评价。企业在收集较长时期的数据后，可以更深入地分析。如除了直接询问客户对各种类别的服务与产品满意与否外，还可以了解客户感知的服务指标数值，如问客户“您估计在呼叫中心人员接起您的电话前，您大约等候了多少秒”，将客户的回答与系统里的实际数据作比较，将得出的差值（可能为正数，也可能是负数）与客户的其他满意程度放在一起考量，可以帮助找出影响“主观数据”的相关因素。

二、客户满意度的测评

（一）进行客户满意度测评的原因

1. 对物流企业而言，是实施客户满意战略的需要

客户满意度是衡量一个物流企业服务质量的重要标志，是评价企业质量管理体系的一个重要指标，是企业质量管理体系的最主要业绩。对客户满意度的测评是企业持续改进的源泉。

通过客户满意度测评，企业可进一步了解客户及其需求；企业拉近与客户的距离，更容易把握市场脉搏，在激烈的市场竞争中争取主动。掌握客观真实、准确可靠的客户满意度，是企业提高品牌形象和产品质量、提高经济效益和管理水平的一项重要工作。企业应主动开展客户满意度测评。

2. 客户的满意度对企业来说更具有决定性意义

测定客户满意度的目的是改善提供给客户的服务。一个企业的资源有限，不可能将影响客户满意度的问题立刻全部解决，通常应当分出轻重缓急，在一段时间内重点解决那些影响重大的问题。企业的其他业绩，包括财务上的业绩（赢利），都应以客户满意度为基础。在市场经济条件下，客户的满意度总是随着时间的推移，也就是随着科学技术的发展、社会的进步、竞争的激烈和企业收入或欲望的提高，而呈现递减趋势。企业对客户满意度进行测量，有利于发现自己与竞争对手之间的差距，找到进行持续改进的机会。持续改进有助于企业在服务、过程、体系以至企业体制、技术等方面的创新，大大提高企业的竞争力。

3. 对客户而言，可以进一步满足自己的需求和期望

客户是企业生存、发展的源泉。物流企业服务的质量如何，决定了客户需求和期望的满足程度。客户要实现持续满意，降低接收产品的风险，必然要加强与物流企业的沟通。客户对产品服务信息的反馈，为企业提供了持续改进的机会，而企业产品服务的提高将进一步满足客户的需求和期望，这样对企业、客户都有利，达到了“双赢”。

（二）客户满意度测评的关键

1. 获取客户满意与否的信息

从何处去获取客户满意与否的信息，是对客户满意度进行监视和测评的关键。不同的物流企业可能有不同的渠道，渠道越多越畅通，对企业越有利。物流企业应首先建立信息渠道；其次，充分利用这种信息渠道；最后，在收集信息时必须与客户合作，获得客户的认同和支持，高效地获得“客户的声音”。

2. 获取客户满意度信息的渠道

（1）重要的相关团体和活动。

如今，消费者协会已遍及各地，直接与消费者打交道，掌握了很多信息。消费者协会每年不仅提供年度综合报告，而且提供专题报告。企业也可以通过召开某产品客户联谊会之类的活动来获取信息。

（2）与客户的直接沟通。

直接沟通是获取客户满意度信息的最佳方式。

（3）问卷和调查。

可以定期邮寄或发放问卷，征求客户的意见，委托有关的机构对客户进行调查，采用其他一些社会调查方式收集客户意见。

（4）客户投诉。

一般来说，客户只有遇到特别麻烦的质量问题时才可能投诉，因此，客户投诉往往反映了客户对企业的真实态度，特别值得企业重视。

（5）各种新闻媒体的报告。

企业应有专人对各种新闻媒体进行监视，收集报刊、广播、电视上有关的客户满意与否信息，特别是负面的投诉。

（6）行业研究成果。

不少行业协会都有自己对市场的研究成果，由于其站在客观的立场上，因而值得企业信任。

（三）客户满意度测评的工具

1. 战略满意度矩阵

战略满意度矩阵可以有效地确定服务质量改进的重点和确定服务改进的切入点。一般而言，需要改进的基本区域就是那些影响或重要性较强而业绩较低的地方。客户坦率地指出在这些重要区域的不足之处，这些区域的改进将有效地把资源集中在对满意度及随后的忠诚度和赢利有重大影响的地方，如表 5-1 所示。

表 5-1 客户满意度和业绩的关系

弱影响和高业绩 维持或减少投资，或改变目标市场	强影响和高业绩 维持或改进业绩——竞争优势
弱影响和低业绩 不重要——不要浪费资源	强影响和低业绩 将改进集中于此——竞争弱点

因此，必须有效地注意自己企业的战略和核心竞争力，同时，结合企业的管理来考虑成本，并且审视自己企业的领先之处。

2. 定性研究模型

定性研究模型主要是坐标式四分图模型，如图 5-2 所示，这种描述式测评模型的应用步骤如下：

（1）确定评价指标，设计调查问卷；

（2）分析调查问卷，确定各评价指标的权重，以及顾客对评价指标的满意等级频数，得到顾客总体对各评价指标的满意度等级；

（3）以权重水平为纵轴，满意度等级为横轴，建立坐标系，将各指标所决定的点绘制在坐标系上；

（4）实施判定。

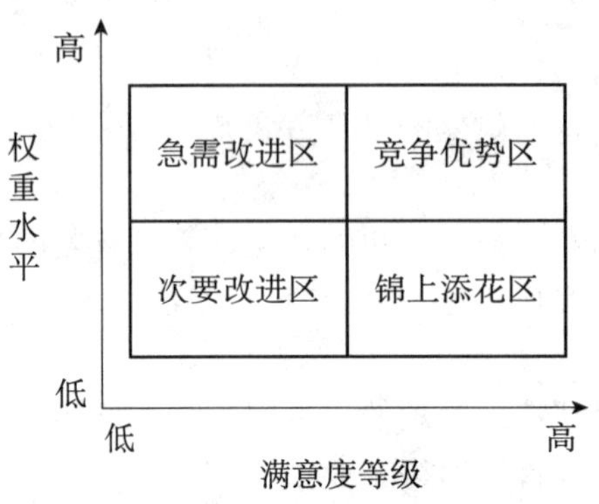

图 5-2　坐标式四分图

由权重水平和满意度等级水平将坐标系分成四个区域，见图 5-2，各评价指标分布在各个区域中。根据以下判断原则即可判断各项指标改进的先后次序：

（1）急需改进区：左上角区域。落在此区域中的评价指标，权重水平较高，而满意度较低。这些指标是顾客非常重视的方面，但企业表现很差，是企业需要优先考虑实施改进措施的方面。

（2）次要改进区：左下角区域。落在此区域中的评价指标，权重水平和满意度水平都较低。这些指标既不为顾客所看重，企业在此方面的表现也不出色。在企业资源有限的情况下可以延后考虑。

（3）竞争优势区：右上角区域。落在此区域中的评价指标，权重水平和满意度水平都较高。这些指标既为顾客所重视，企业的表现又能令他们满意，是目前企业的优势所在，需要保持。

（4）锦上添花区：右下角区域。落在此区域中的评价指标，权重水平较低，满意度水平较高。这些指标不为顾客看重，期望值低，所以企业稍作努力即可获得较高的满意度，没有必要投入更多资金。

定性研究的弊端在于没有考虑到指标间相互作用的关系。因为收集的各项满意度指标的评价数据是顾客单独评价得出的，而实际生活中，顾客的满意度往往是对各项指标相互权衡的结果。

（四）实施客户满意度测评的注意事项

（1）如果企业的客户不多，不必采取问卷调查形式，直接回访将更有效。

（2）如果企业不能了解客户，就不要作大量的客户研究，针对性调查比问卷调查的形式更有效。问卷调查不宜过于频繁，应花费更多时间和金钱去提高服务质量。改善服务项目，行动比评估更重要。

(3) 让员工知晓企业的调查结果，而不要保密，因为结果会帮助企业的员工分析客户的要求。

(4) 不用无意义的数据。

(5) 不要用一些不常用的说法去表示某一结果。例如：用满意度 1～10 或 1～5 就不如用“完全满意”“比较满意”“尚可”“不合格”或“是”“否”等去表示调查结果。除非绝对必要，不要用模糊的尺度代替具体数据。

(6) 处理好客户满意度与其他评价方式的关系。特别是客户满意度无法每天衡量，而企业需要很多每日、每周可以测量的数据来代表工作的优劣与客户服务的质量。这些指标的选择应当合理，与定期测量的客户满意度指标有较大的相关性。

三、客户满意度的提升

现在很多物流企业开始考虑，是否到该采取新的措施以维护其客户关系的时候了。互联网的出现，给公司提供了一种新的手段来管理客户关系。众所周知，只有那些对公司感到很满意的顾客才有可能成为公司的忠诚客户，而忠诚客户往往是现代市场竞争中各公司争夺的焦点。

为了提高客户满意度，应当特别注意下面的几个问题和原则。

（一）需要高层的努力

亲自到现场去体会客户的感受，阅读客户的来信，接听并处理客户的抱怨电话，与客户交谈或通过电子邮件交换意见，是经营管理者最重要的工作之一。

（二）企业应重视客户的反馈意见

企业应与时俱进，不断满足客户的需求，这样才能让客户持续满意，进而达到完全满意。

（三）企业应提高员工的满意度

美国西尔斯公司通过多年的经营实践证明：高素质的、充满活力和竞争力的员工队伍，比再好的硬件设施更能创造客户满意，进而创造优异的业绩。为员工提供培训，提供服务技术，授权员工利于客户满意度的权责，并将此作为员工绩效评价的重要部分。

（四）企业应对客户忠诚

忠诚在物流企业与客户之间是双向、互动的，不能单方面追求客户对物流企业的忠诚，而忽视物流企业对客户的忠诚。

（五）努力提供优质的服务

网络时代下，服务的信息透明度大大增加，客户很容易货比三家，因此应提供优质的服务、合理的价格，不断提高客户的利益。

这方面不允许有任何贬值，企业为此需要建设质量保障体系。企业如果产品或服务质量抽查近半数不合格，就很难保障客户满意度。

（六）不断学习，持续改进

客户今天满意并不意味着永远满意，提高客户满意度是一个永恒的主题。

（七）物流企业应加强客户信息管理

企业在收集和应用客户信息时要注意以下问题：

一方面，客户对涉及个人隐私的一些信息越来越敏感，企业在收集和应用信息时必须非常谨慎。现在，客户在向企业提供信息的时候，都很想知道企业获取这些信息的目的，或希望能有偿地提供信息。在一个相互都比较信任、忠诚的团队里面，可以向整个团队公布属于个人隐私的信息，但不可向外界泄露。企业应利用互联网技术在客户中建立一个类似的团队（如通过互联网建立企业的会员制）。在这个团队里面，企业能与客户坦诚相待。

另一方面，企业应该非常清楚自己为什么收集信息。客户信息一个非常重要的作用就是区分不同价值的客户。在此基础上，企业可以制定策略，对不同的客户采取不同的对待方法（其目的就是对最有价值的那些客户给予最优厚的待遇）。对所收集到的信息进行精心处理，就能够很容易地发现哪些客户对企业来说价值最大（值得企业去争取），然后给予这些客户更为优厚的待遇，或采取措施防止竞争者争夺这一部分客户。

利用先进技术（电子技术、互联网技术等）只是获取客户忠诚的一个方面。一些留住客户的传统手段在今天仍然适用，如周到的服务、高素质的服务人员等，这也是企业争夺客户的“杀手锏”。

四、客户忠诚度的衡量

根据最近美国销售类网站中进行的调查，有75%的在线消费者参与了某些忠诚度计划，对客户购买动机影响最大的因素中，客户服务占37%、产品选择占37%、忠诚度计划对客户购买行为的影响占22%，这表明个性化措施会提高客户的满意程度，使每个客户的潜在购买需求得到发掘，提高了客户忠诚度和购买比率。在保证客户服务、让客户满意和建立良好信誉的基础上，通过适当方法实施客户忠诚度计划有巨大价值。

企业对客户忠诚度的研究中，最好设计一系列的定量指标来考核工作目标。企业的具体经营情况有很大不同，不同企业在设计客户忠诚度的量化考核标准时可以从自身各个方面加以考虑，根据实际情况选择合适的因素，并给以不同的权值来得出一个综合的评价得分。企业通用的和相对重要的考核指标主要有以下几个。

（一）客户重复购买率

在考核期间，客户对某一种服务重复购买的次数越多，说明对此服务的忠诚度越高；反之则越低。此项指标还适用于同一品牌的多种服务，即如果客户重复购买企业同一品牌的不同服务，也表明忠诚度较高。物流企业为了便于识别和纳入数据库管理，一般将忠诚客户量化为连续3次以上购买的客户。

（二）客户需求满足率

即一定时间内客户购买某商品的数量占其对该类服务全部需求的比例，这个比例越高表明客户的忠诚度越高。

（三）客户对本企业商品或品牌的关注程度

客户通过购买或非购买的形式，对企业的服务和品牌予以关注的次数、渠道和信息越多，表明忠诚度越高。

（四）客户对竞争商品或品牌的关注程度

一般来说，对某种品牌忠诚度高的客户会自觉地排斥其他品牌的服务，如果客户对竞争服务或品牌的关注程度提高，多数是由于客户对竞争产品的偏好有所增加的缘故，表明忠诚度可能下降。

（五）客户对价格的敏感度

客户对价格都非常重视，但这并不意味着客户对价格变动的敏感度相同。事实表明，对于喜爱和信赖的服务，客户对其价格变动的承受能力强，即敏感度低。而对于不喜爱和不信赖的服务，客户对其价格变动的承受力弱，即敏感度高。

因此，可以依据客户对价格的敏感度来衡量客户对某品牌的忠诚度。对价格的敏感程度高，说明客户对该品牌的忠诚度低。对价格的敏感度低，说明客户对该品牌的忠诚度高。可以借价格调整、客户购买量的增减等来考察此指标。但需要注意的是，忠诚客户对服务价格的不敏感，并不意味着企业可以随意单方面调价。

（六）客户购买行为的选择时间

客户购买都要经过对产品的挑选，但由于信赖程度的差异，对不同品牌的挑选时间是不同的。通常客户挑选的时间越短，说明对该品牌的忠诚度越高，反之则说明对该品牌的忠诚度越低。

（七）客户对产品质量事故的承受力

客户忠诚度越高，对出现的质量事故也就越宽容。任何服务都有可能出现各种质量问题。如果客户对该品牌的忠诚度较高，当出现质量问题时，会采取宽容、谅解和协商解决的态度，不会由此而改变对品牌的偏好。相反，如果客户对品牌的忠诚度较低，当出现质量问题时，会深感自己的正当权益被侵犯，从而产生强烈的不满，甚至会通过法律方式进行索赔。当然，运用这一指标时，要注意区别事故的性质，即是严重事故还是一般事故，是经常发生的事故还是偶然发生的事故。

（八）客户对商品的认同度

如果客户经常向身边的人士推荐产品或者在间接的评价中表示认同，则表明忠诚度较高。

（九）客户购买费用的多少

客户对某一品牌支付的费用与购买同类产品支付的费用总额的比值如果最高，即客户购买该品牌的比重最大，说明客户对此种品牌的忠诚度高，反之则低。

五、客户忠诚度的激励

客户忠诚对于企业生存和发展的经济学意义非常重要。获得新客户需要付出成本，特别是在供过于求的市场态势下，这种成本将会越来越昂贵，但新客户对企业的贡献却是非常微薄的，在有些行业，新客户在短期内甚至无法给企业带来利润。相比之下，老客户（忠诚客户）对企业的贡献却很大：国外的学者对许多服务行业进行了研究，发现当客户忠诚度上升5个百分点时，利润上升的幅度将达到25%～85%。同时，企业为老客户提供服务的成本是逐年下降的。更为重要的是，忠诚客户会努力向其他人推荐企业的服务，并愿意为其所接受的服务支付较高的价格（溢价）。可以说，忠诚客户是企业竞争力重要的决定因素，更是企业长期利润最重要的源泉。

随着购买次数的增加，客户对服务越来越熟悉，对市场和企业竞争对手的了解更深入，其要求会越来越高。客户有一个成长成熟的过程，在这一过程中，客户基本期望和潜在期望的层次越来越高。为此，引入客户关系生命周期的概念，将客户关系划分为3个阶段：考察期、形成期和稳定期。

下面结合客户关系生命周期不同阶段的特征，探讨在不同阶段的客户基本期望和潜在期望的变化，以及为了满足这些需要应采取的措施。

（一）考察期

这一时期最重要的特征是不确定性，客户不能确定自己在交易中到底能获得多少价值，而企业对客户的需求和偏好也没有充分的了解。因此，评估企业的潜在价值和降低不确定性是这一阶段的中心目标，客户会尝试性地购买。由于自身价值评估能力不足，对可替代企业和市场状况的了解有限，客户基本期望价值的基础是以往的经历和已知的类似关系。只要物流企业服务的性价比高于同行业的平均水平，配套的售后服务及时、完善，客户一般会感到满意。而客户的潜在期望是得到更多的物质利益和企业的关怀。针对这一时期客户的潜在期望，企业可以实施常客奖励计划和感情联络计划。常客奖励计划即客户每重复购买一次就能够得到更大的优惠。而感情联络计划指提供客户意料之外的有价值的附加产品，让客户感受到物流企业的关爱，逐渐使企业的产品和服务成为客户生活完整的一部分。

（二）形成期

客户通过一系列的重复购买，拓宽了视野，对可替代市场状况和企业更加熟悉，自身的价值评估能力得到提高。在享受服务的过程中，客户会遇上一些特别的问题或根据自己的情况产生一些特殊的要求。同时，企业对客户的习惯、喜好、背景、购买方式和能力等私人信息更加了解。由于此时客户对企业以前提供的优质服务已习以为常，不再感觉新鲜和有吸引力，因此，在这一时期，客户基本期望的基础是以前购买该服务的经历和市场上最好的企业，要想满足客户的基本期望，就要一如既往地为客户提供在考察期提供的所有优质的服务。客户的潜在期望是作为个体受到企业非同一般的重视。因此，要激励客户忠诚，企业应采取特别对待计划，即分析每一位老客户的资料，倾听客户在购买和享用服务中产生的个性化需求，为客户量身定制最适合客户的服务和奖励方式，以此体现对客户高度的尊重和重视。

（三）稳定期

客户对产品产生了强烈的喜爱和依赖，对物流企业高度信任，不会再积极地搜寻可替代企业。但是，客户不仅对市场状况非常熟悉，而且对物流企业的服务、组织结构和运作流程及方法都有了越来越深入的了解，客户不仅关注自身从企业获得了多少价值，也关注企业在交易中获得的价值，在客户看来，双方获得的价值必须是均等的，否则就不公平。因此，企业要向客户提供在客户关系的考察期和形成期提供的一切价值，还要通过各种宣传让客户明白企业和客户双方得到的价值是对等的，让客户了解企业为满足客户的个人要求所花费的苦心和成本，满足客户的基本期望。如上所述，客户对企业非常了解和熟悉，而企业的产品和服务也是客户生活不可或缺的部分，因而客户对企业有一种潜在的归属感，希望成为企业的一部分，而且自我对企业的重要价值能得到承认。要满足客户的这种心理，企业应采取共同体计划：将客户视为企业的一部分，让其参与企业活动中，听取客户对企业各方面工作的建议并给予奖励，让客户有成就感、参与感，和企业真正成为“一家人”。

以上的分析如表 5－2 所示。

表 5－2　　不同阶段客户忠诚的激励措施

客户关系生命周期阶段	潜在期望	基本期望	激励客户忠诚的措施
考察期	更大的物质利益、企业的关心	优质、配套的服务	感情联络、常客奖励计划
形成期	希望受到不同的待遇	考察期提供的价值	特别对待计划
稳定期	对企业的价值能被认同	形成期提供的价值	共同体计划

最后，还要提供个性化的产品和服务，企业只有以客户为中心，为客户提供最合适的服务，客户再次光顾的可能性才会大大增加。除了在服务本身努力外，还可以采用卓有成效的消费累积奖励方案，让客户在选择购买服务之后免费成为注册用户，以后每次购买服务将实时赢得累积奖励，长期购买将为客户带来更多奖励，从而留住高价值客户并吸引新客户。

六、客户满意和客户忠诚的关系

客户满意是促成客户忠诚的重要因素，但是客户对物流企业表示满意和对之保持忠诚没有必然的联系。满意的客户并不一定是忠诚客户。只有对自己购买和使用的服务满意，愿意一直使用或者再次购买，而且推荐给自己的朋友等，才是忠诚客户的标志。

客户忠诚和满意之间有着千丝万缕的联系。一般来说，客户满意度越高，客户的忠诚度就会越高；客户满意度越低，客户的忠诚度就会越低。可以说，客户满意是推动客户忠诚的最重要因素。但是，客户满意与客户忠诚之间的关系又没有那么简单，它们之间的关系既复杂又微妙。

（一）客户满意和客户忠诚的关系分类

1. 满意才可能忠诚

一般来说，客户满意是重复购买最重要的因素，物流企业如果不能让客户满意，就缺少客户忠诚的基础。一个满意的客户不一定是忠诚客户，但有可能成为忠诚客户。

2. 满意也可能不忠诚

一般认为满意的客户在很大程度上就是忠诚的客户，但实际上它们之间并不存在必然的联系。《哈佛商业评论》的一份调研报告显示，对服务满意的客户中，仍有65%～85%的客户会选择新的服务，也就是说满意并不一定忠诚。要获得客户的忠诚，除了令他们满意外，还应考虑其他因素的影响。

3. 不满意一般不忠诚

一般来说，要让不满意的客户忠诚的可能性是很小的。客户如果不是不得已，是不会再次购买的。或者说，一个不满意的客户迫于某种压力，不一定会马上流失、马上不忠诚，但条件一旦成熟，就会不忠诚。

4. 不满意也有可能忠诚

客户不满意也可能存在忠诚，分为两种情况：一种是“垄断忠诚”。“垄断忠诚”是指在卖方占主导地位的市场条件下，或者在不开放的市场条件下，尽管客户不满却因为别无选择，找不到其他替代品，只能忠诚。另一种是“惰性忠诚”。“惰性忠诚”是指客户尽管对服务不满，但是由于本身的惰性而不愿意去寻找其他服务商。对于这种忠诚，如果其他企业主动出击，让惰性忠诚者得到更多的实惠，客户自然会转向这类企业。

总之，客户忠诚很大程度受客户满意的影响，但是不绝对。一般来说，忠诚的客户通常来源于持续满意（完全满意或者不完全满意）的客户，但满意的客户并不一定忠诚；只要客户有足够的选择机会和选择意愿，不满意就不会忠诚；但是，忠诚的客户也未必都满意——尽管不满意也可能迫于无奈而忠诚。

（二）客户满意和客户忠诚的关系分析

客户满意对一个物流企业非常重要，但是客户满意不等于客户忠诚，即使客户很满意，仍然有很多理由离开企业。当今的市场环境和激烈的竞争使每一位客户都有广泛的选择空间，无论是否满意，都有权选择任何服务。忠诚度的基础在于持续的客户满意度，它是一种情感、态度上的联系，而不只是一种行为。为了增强忠诚度，必须提高每个客户的满意度水平，并长期保持住这种水平。不能仅将客户视为购买服务的“人”，也不能仅将价值定义为服务和价格的函数。客户满意度和客户忠诚度之间的关系如图5-3所示。

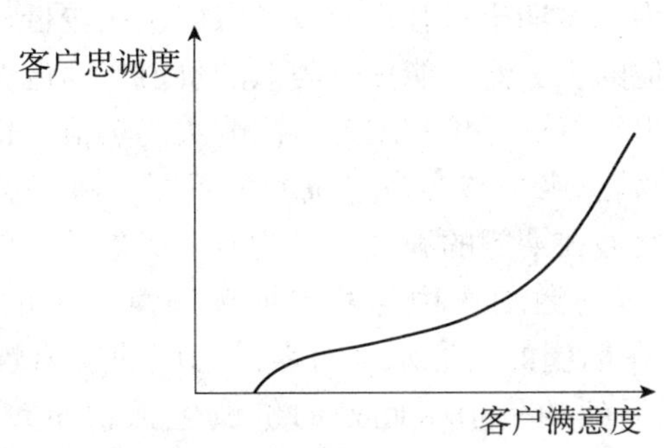

图 5-3　客户满意度与客户忠诚度关系曲线

从图 5-3 可以看出，客户满意与客户忠诚关系曲线上有一段较为平缓，客户的满意水平的提高并没有使忠诚度得到相应的提高，这一阶段即为高满意度低忠诚度的情况。而在图 5-3 的右上端，客户的满意度和客户的忠诚度呈现出近似线性的特征，而且斜率很大，表明客户的满意水平上升或是下降一点都会引起客户忠诚度的巨大变化。对此，传统理论认为前一阶段客户感知的商品的实际价值大于或等于客户的期望价值，客户感到满意；而后一阶段客户感知的商品的实际价值远远大于客户的期望价值，客户完全满意（愉悦），因而产生忠诚。但是这一表述很模糊，并没有具体指明完全满意和满意的区别究竟在哪里，是哪些因素使客户感到完全满意。

根据双因素理论，客户的期望由基本期望和潜在期望两部分构成。基本期望是指客户认为理应从服务中得到满足的基本需求；潜在期望是指超出基本期望的客户并未意识到而又确实存在的需求。因此客户满意也有两种类型：客户的基本期望得到满足达到的满意和客户的潜在期望得到满足的满意。这两种类型的满意对客户忠诚的影响是不同的。分析如下：图 5-4 是基本期望的满意水平与客户忠诚的关系图。当客户基本期望的满意水平达到一定程度，客户忠诚就会随着满意水平的提高而提高，但这种满意水平对客户忠诚的边际效用是递减的。尤其是客户忠诚度上升到平均忠诚度（平均忠诚度是指提供行业平均水平的服务所激发的客户忠诚）附近，不管企业采取何种措施提高客户满意水平，客户忠诚

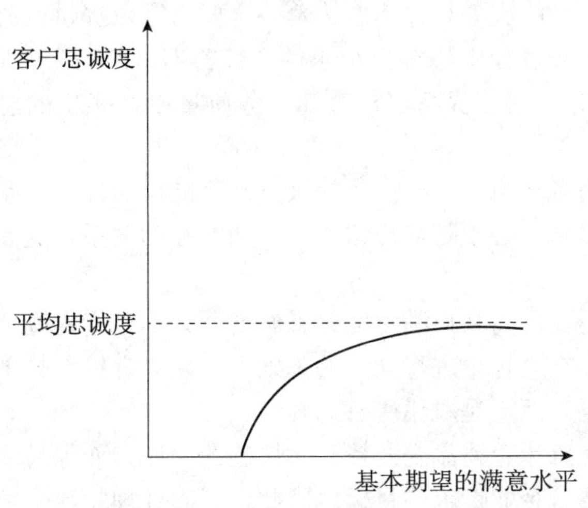

图 5-4　基本期望的满意水平与客户忠诚的关系图

度的变化都不大。这是因为基本期望对客户而言需求层次比较低，客户认为服务的这些价值是自己理应得到的，其他的服务商也能提供类似的价值，物流企业的服务并没有特别的吸引力，因此客户很难作出不好的评价却缺乏再次购买的热情，也不会向其他人推荐。

图 5-5 是潜在期望的满意水平与客户忠诚的关系图。由于满足客户的基本期望可以激励一定的客户忠诚，因此潜在期望的满意水平为 0 时，客户忠诚度并不为 0，但是潜在期望的满意水平对客户忠诚的激励作用与基本期望满意水平的激励作用完全不同。从图 5-5可以看出，客户潜在期望的满意水平对客户忠诚的边际效用是递增的。其原因是客户从商品中获得了意想不到的价值（此处的价值包括物质、心理、精神几方面的价值），满足了自己的潜在期望而感到愉悦。这种感觉越强，对客户的吸引越大，在下一次购买时为了体验这种感觉，客户很可能仍然选择同一品牌。经过多次重复购买，客户多次感到愉悦，对该产品逐渐产生信赖和依赖，不再考虑其他品牌的产品，形成积极的长期忠诚。

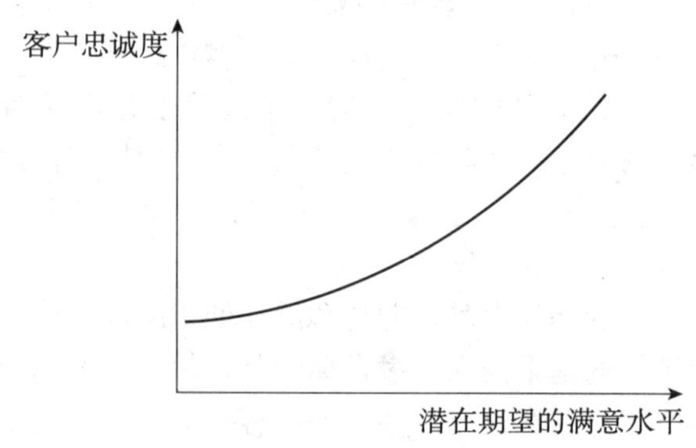

图 5-5　基本期望的满意水平与客户忠诚关系图

对于客户满意与客户忠诚的关系，主要应注意以下几点：

(1) 由于受到随机因素的影响，客户满意与忠诚之间的关系是相关关系，但不是强相关关系。

(2) 为客户提供优异的服务，并不意味着一定要为客户提供额外的或附加的服务，所需要的只是在每一个服务过程中给客户小小的“惊喜”，而不是对服务流程作多么大的改动。而这小小的“惊喜”，对于提高客户感知服务质量以及客户的忠诚度具有极其重要的意义。

(3) 对于服务提高者来说，一次优质的服务并不能说明什么，重要的是在每次服务过程中都要令客户感到愉悦。必须与客户建立起长期的互动关系，这是客户高保持率的根本所在。

(4) 需要注意的是，提高客户满意度和忠诚度，并不是指提高所有客户的满意度和忠诚度。正确的做法是，在对客户进行细分的基础上，采取有针对性的策略，最大限度地让更具有价值的客户满意，而不是取悦所有的客户。

持久的客户满意度意味着物流企业持久、快速的发展，而保持客户忠诚，从而提高物流企业的绩效，则是物流企业追求的目标。因此，正确处理物流企业客户满意和客户忠诚之间的关系是物流企业立于不败之地的关键。当物流企业调查的目的是了解或预测客户忠诚度时，不要轻易地从满意度指标推导。

拓展任务

1. 客户满意度调查如何进行？
2. 影响物流客户满意度的因素有哪些？如何提高物流客户满意度？

任务三　客户的投诉

案例导入

某日，华某母亲在厨房做饭时煤气灶发生了爆炸，灶具表面的玻璃钢全部炸裂，喷出的火焰不仅烧伤了华母的脸面，而且导致其全身多处大面积烧伤。事故发生后，华某马上把母亲送入医院，并让家人用照相机、摄影机对事故现场进行了拍摄，随后华某打电话到购买灶具的商场顾客服务中心投诉，要求商场对事故发生做出合理解释并对患者给予20万元的经济赔偿。商场顾客服务中心接到投诉电话后，马上与灶具的厂家取得联系，迅速协同厂家代表去医院看望伤者，与此同时又立刻通知市有关质量监督部门、灶具厂家技术部门前往出事地点进行现场鉴定与调查。在医院，商场负责处理此事故的工作人员一边安抚伤者及其家属，一边通过伤者的口述对事故的整个过程进行了全面详细的了解，并做了笔录，且让伤者家属确认后在笔录上签了字。与此同时，市质量检查监督局及灶具厂家技术人员对火灾现场也进行了检查与鉴定，并由市质量检查监督局出具了有效的质检报告，在报告中对引发事故的责任作了明确的划分。

面对这一突发的顾客投诉事件，商场工作人员进行了迅速而冷静的处理，减少了不必要的纠纷。

知识探究

一、客户投诉概述

（一）客户投诉的定义

当客户购买服务时，对服务本身抱有良好的愿望和期盼值，如果这个愿望和期盼值得不到满足，客户就会失去心理平衡，由此产生的抱怨和想“讨个说法”的行为就是客户的投诉。

客户的投诉包括对产品质量、产品使用功能缺陷的投诉，也包括对企业营销人员和客户服务人员的行为、态度和专业水准不满的投诉。不同类型的投诉应纳入不同的职能部门妥善处理，设置不同的处理权限和申报流程。

（二）客户投诉产生的原因

（1）寻呼网络缺陷；
（2）客户服务人员工作的失误；
（3）企业其他工作人员的服务质量问题；
（4）客户对企业经营方式及策略的不认同；
（5）客户对企业的要求或许超出了企业对自身的要求；
（6）客户对企业服务的衡量尺度与企业自身不同；
（7）客户由于自身素质修养或个性原因，对企业提出过高的要求无法得到满足。

（三）客户投诉的内容

1. 购销合同投诉

包括产品数量、等级、规格、交货时间、交货地点、结算方式、交易条件等与原购销合同规定不符。

2. 货物运输投诉

包括货物在运输途中发生损坏、丢失和变质，因包装不良造成损坏，因货物装卸不当出现损害等。

3. 服务投诉

包括对企业各类人员的服务质量、服务态度、服务方式、服务技巧等提出的批评与不满。

4. 客户提案与建议

主要包括服务水平的建议，以及提高标准化程度、降低成本的提案。

（四）有效处理客户投诉的意义

面对客户投诉，一定要认真对待，将它视为整个管理工作的中心。

美国全国消费者协会调查统计：客户不满意，也不投诉，但还会继续购买企业商品的有9%，而91%的客户不会再回来；投诉过但没有得到解决，还继续购买企业商品的客户有19%，而81%的客户不会再回来；投诉过且得到解决，会有54%的客户继续购买企业的商品，而有46%的客户不会回来；投诉后迅速得到解决，会有82%的客户继续购买企业的商品，只有18%的客户不会回来。由此可以看出，沉默的客户是最危险的客户，抱怨的客户也许是企业最大的财富。

有效处理客户投诉的意义如下：

（1）有效地处理客户投诉，把投诉所带来的不良影响降到最低，从而维护企业的自身形象。很多投诉由于解决不当而闹上法庭，不管结果如何，对企业的品牌信誉都会带来不良影响。

（2）有效处理投诉可以挽回客户对企业的信任。

二、客户投诉的处理

（一）客户投诉处理原则

1. 预防原则

客户投诉往往是由企业的组织不健全、管理制度不完善或疏忽大意引发的，所以防患于未然是客户投诉管理的最重要原则。即要求企业必须改善管理，建立健全各种规章制度，加强企业内外部的信息交流，提高全体员工的素质和业务能力，养成以客户为中心的全心全意为客户服务的工作习惯。

2. 记录原则

记录原则是指对每一起客户投诉都进行详细的记录，包括投诉内容、投诉处理过程、投诉处理结果、客户反应、惩罚结果等。这样做的目的是全面收集、统计和分析客户的意见，不断改进客户投诉的处理办法，并将获得的信息整理后传达给其他部门，以便及时总结经验和教训，为将来更好地处理客户投诉提供参考。

此外，要对投诉的处理过程进行总结与综合评价，提出改进对策，不断完善企业的客户投诉系统。

3. 责任原则

对客户投诉处理过程中的每一个环节，都事先明确各部门、各类人员的具体责任与权限，以保证投诉能够及时、妥善地解决。为此须制定详细的客户投诉处理规定，建立必要的客户投诉处理机构，制定严格的奖惩措施。

4. 一线员工处理投诉的水平要高原则

一线员工往往是客户投诉的直接对象，而目前许多企业不注重这方面的训练，员工处理客户投诉凭的是经验和临场发挥，缺乏平息客户怨气的技巧。企业应当利用各种形式对一线员工进行培训，使其掌握处理客户投诉的技巧，成为及时处理客户投诉的重要力量。此外，要赋予一线员工一定的权力，使其在处理一些无法预见的问题时有相对大的自主权，以便对客户提出的意见和建议作出快速响应，保证及时、快捷、出色地为客户服务。

5. 及时原则

要给投诉者一个及时、圆满的答复，绝不能互相推诿、拖延答复。即要求一旦出现客户投诉，各相关部门须通力合作，快速响应，争取在最短的时间内全面解决问题。

（二）处理投诉的基本方法

1. 让客户发泄

当客户来投诉时，企业员工应该热情地招呼对方，真诚地对待每一位前来投诉的客户，并且体谅对方的语气——客户投诉时情绪难免会过于激动。心理专家说，人在愤怒时，最需要的是情绪的宣泄，只要将心中怨气宣泄出来，情绪便会平静下来，所以，企业要让投诉的客户充分发泄心中的不满乃至愤怒。

2. 用心聆听

即要做一个好的聆听者，认真聆听，不无礼或轻易打断客户讲话，不伤害客户的自尊心。聆听时要注意用眼神关注客户，使其感到自己、自己的话、自己的意见被重视，从而鼓励其说出心里话，并协助客户表达清楚。

聆听过程中，可以点头并不时用“是的”“我明白”“我理解”等表示对投诉问题的理解，还可以复述客户说过的话以澄清一些复杂的细节，更准确地理解客户所说的话。聆听是一门艺术，从中可以发现客户的真正需求，从而获得处理投诉的重要信息。

3. 表示道歉

面对客户的投诉，企业应不断反省，自己如果没有出错，就没有理由惊慌；如果真的出错，就要勇于面对。要记住，客户之所以动气是因为出现问题，企业漠不关心、据理力争或找借口拒绝，那样只会使对方怨气更大，而适时地表示歉意却会起到意想不到的效果。

4. 认同客户

客户投诉时，最希望自己能得到同情、尊重和理解，因此这时候要积极地回应客户，如果企业没有反应，客户就会觉得自己不被关注，并有可能被激怒。认同的常用语有：“您的心情我可以理解”“您说的话有道理”“是的，我也这么认为”“碰到这种状况我也会像您那样”。

5. 仔细询问

引导客户说出问题的重点，并表示同情。如果客户知道企业的确关心自己的问题，也了解自己的心情，那么怒气便会消减。

6. 记录问题

要记录的内容有：投诉人、投诉对象、投诉内容、何时投诉、客户购买服务的时间、客户的使用方法、投诉要求、客户希望以何种方式解决问题、客户的联系方式等。在记录的同时，要判断投诉是否成立，投诉的理由是否充分，投诉的要求是否合理。如果投诉不能成立，也要用婉转的方式使客户认清是非曲直，并耐心解释，消除误会。

如果投诉成立，企业的确应承担责任，并对客户表示感谢，可以说“谢谢您对我说这件事”“非常感谢，您使我有机会为您弥补损失”，要让客户感到其投诉是受欢迎的，其意见很宝贵。一旦客户受到鼓励，往往还会提出其他的意见和建议，从而给企业带来更多有益的信息。

7. 解决问题

要站在客户的立场来寻找解决问题的方案并迅速采取行动。

首先，马上纠正引起客户投诉的错误。反应快表示企业在严肃、认真地处理这件事，客户对此一定会很欣赏，拖延时间只会使客户感到自己没有受到足够的重视，而客户的情绪会变得越来越强烈。

其次，根据实际情况，参照客户的处理要求，提出解决投诉的具体方案，如退货、换货、维修、赔偿等。提出解决方案时，要注意用建议的口吻，然后向客户说明它的好处。如果客户对方案不满意，可以问问对方的意见——从根本上说，投诉的客户不仅要企业处理问题，还要企业解决问题。所以，当客户觉得处理方案不是最好的解决办法时，一定要向客户讨教如何解决。

最后，抓紧实施客户认可的解决方案。探询客户希望解决的办法，一旦找到办法，便可征求客户的意见。如果客户不接受企业的办法，就应征询对方有什么提议，不论企业是否能接受该提议，都要让客户随时清楚地了解企业解决该问题的进程。如果企业无法解决，可向客户推荐其他能解决问题的人或单位。

8. 礼貌地结束

企业将不愉快的事情解决之后，必须问客户："请问您觉得这样处理可以了吗？您还有别的问题吗？"如果客户表示没有，企业就应感谢对方提出问题。

（三）客户投诉处理的阶段

1. 受理投诉阶段

（1）先处理客户的情绪，改变客户心态，然后处理投诉内容；

（2）控制自己的情绪，保持冷静、平和；

（3）将客户的投诉行为看成是公事，实事求是地判断，不加入个人情绪和喜好；

（4）真正关心客户投诉的问题。

2. 接受投诉阶段

（1）认真倾听，保持冷静，同情、理解并安慰客户；

（2）给予客户足够的重视和关注；

（3）对事件全过程进行仔细询问，语速不宜过快，做详细的投诉记录；

（4）不让客户等待太久，应告诉客户明确的等待时间；

（5）立即采取行动，协调有关部门解决。

3. 解释澄清阶段

（1）不得与客户争辩或一味寻找借口；

（2）注意解释时的语调，不得让客户有受轻视、冷漠或不耐烦的感觉；

（3）换位思维，易地而处，从客户的角度出发，做合理的解释或澄清；

（4）不得试图推卸责任，不得在客户面前评论公司、其他部门或同事；

（5）在没有彻底了解客户所投诉的问题时，不得马上将问题转交其他同事或相关部门；

（6）如果确实是企业的原因，必须诚恳道歉，但是不能过分，注意管理客户的期望，尽可能快地提出解决问题的方法。

4. 提出解决方案阶段

（1）根据投诉类别和情况，提出相应的解决问题的具体措施；

（2）向客户说明解决问题所需要的时间及其原因；

（3）如果客户不认可或拒绝接受解决方法，应坦诚向客户表明企业的限制；

（4）按时限及时将需要后台处理的投诉记录传递给相关部门处理。

5. 跟踪回访阶段

（1）根据处理时限的要求，注意跟进投诉处理的进程；

（2）向投诉的客户及时通告处理结果；

（3）关心、询问客户对处理结果的满意程度。

客户投诉处理流程如图 5－6 所示。

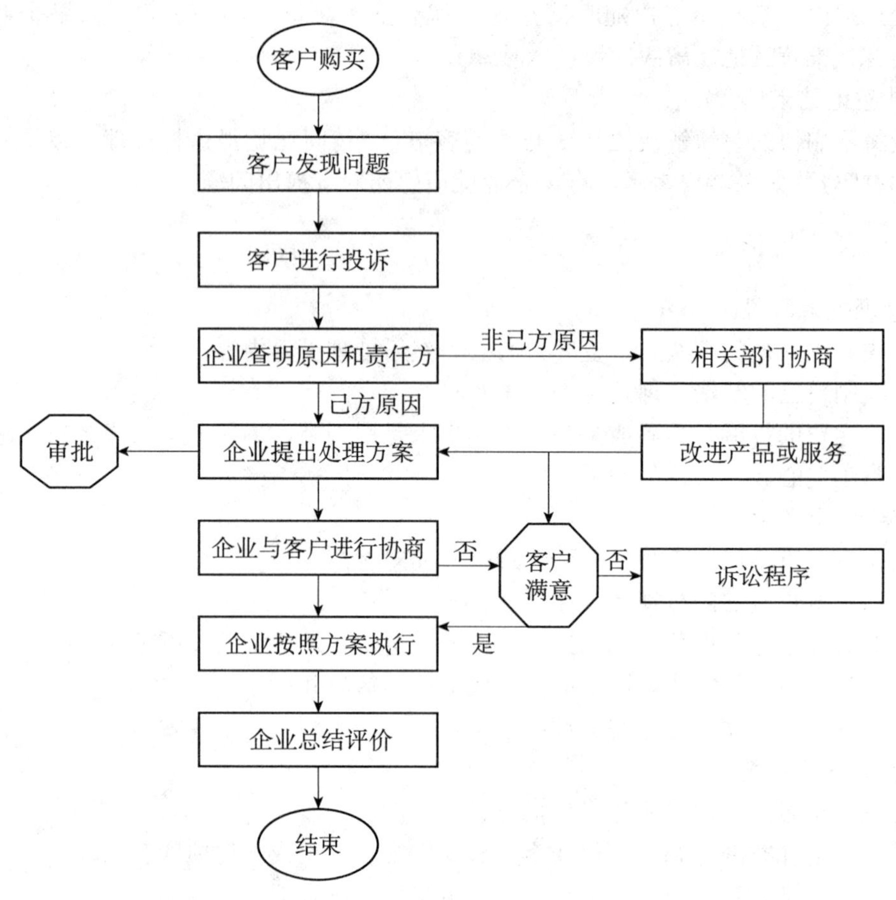

图 5-6　客户投诉处理流程图

三、客户投诉处理的注意事项

(1) 站在客户的立场上想问题，学会换位思考。

(2) 在解决客户现存的问题前，不要继续请求不满的客户进行再次购买。

(3) 准确估计企业的员工取悦客户并捍卫企业利益的能力。

(4) 把处理投诉看作很严肃的事。

(5) 可以一次解决的不要变成多次，造成客户投诉升级。

拓展任务

1. 客户常常因为什么进行投诉？

2. 客户投诉重要吗？假如你遇到客户投诉时，应该怎么处理？

任务四　流失客户的争取

案例导入

美国强生公司生产的泰诺止痛药是国际同类产品中的第一品牌。1982年前，其在美国成人止痛药市场中占有35%的份额，年销售额高达4.5亿美元，占强生公司总利润的15%。但在1982年9月29日至10月1日期间，芝加哥地区竟接连有7人因服用该产品而死亡。医疗部门与警方调查之后发现，死者服用的泰诺止痛胶囊竟含有剧毒氰化钾成分，一时间舆论哗然。很快，泰诺的销售额下降了87%。事件发生后，强生公司迅速采取了一系列的措施。首先，公司配合警方全力封锁泰诺产品生产厂流水线，收回和封存了市面上的全部泰诺止痛药。同时，强生公司抽调大批人马对所有泰诺止痛药进行检验。在进行检测的800万颗药剂中，发现受污染的只有一批药，总计不超过75颗，并且全部在芝加哥地区。后经警方查证为有人刻意陷害。不久后，向胶囊中投毒的人被拘捕。事后，善于“借势”的强生公司并没有将产品马上投入市场，而是推出了三层密封包装的瓶装产品，从而排除了药品再次被下毒的可能性。同时，强生通过媒体感谢美国人民对泰诺的支持，并发送优惠券。这一系列有效的措施，使泰诺再一次在市场上崛起，仅用5个月的时间就夺回原市场份额的70%。

知识探究

在物流企业的实际经营运作中，由于受传统思想的影响，绝大多数物流企业把主要的资源用于对新客户的开发，只关心如何获取新客户、招揽新客户，而忽略如何保持老客户，如何从老客户身上挖掘更多的价值。于是伴随着新客户的到来，老客户却流失了，这就是西方营销界所称的“漏桶”现象——一方面物流企业开发新客户就像是往桶里添水，另一方面老客户就像桶里的水因为漏洞而不断流失，漏洞的大小实际上代表物流企业客户流失的速度。客户流失是指企业的客户由于种种原因不再忠诚，而转向购买其他企业的服务的现象。

客户流失问题对任何一个物流企业来讲都是一件十分重要的事情，如何提供最合乎客户需求的产品和服务给客户，如何与客户建立长久而持续的关系，以留住客户、减少流失率，进而使物流企业获取长期的利益已成为当务之急。降低客户流失是物流企业持续经营的关键，也是其提升竞争力的重要动力。

一、客户流失

新陈代谢是自然界的规律。物流企业的客户也有一个新陈代谢的过程，特别是在今天的市场上，在各种因素的作用下，客户流动的风险和代价越来越小，客户流动的可能性越来越大，客户关系在任一阶段、任一时点都可能出现倒退，不论是新客户还是老客户，都可能会流失。

虽然很多物流企业提出了“客户零流失”的目标，但是这个目标不太切合实际。幻想留住所有的客户是不现实的，就算能够做到，成本也会相当高。因为企业的服务不可能完全得到所有客户的认同。客户的流失有些是很正常的，有的客户转向其他企业不是对原企业不满意，而是想换“口味”，尝试一下新的企业的服务，或者丰富自己的消费经历。这种流失是必然的，企业很难避免，也无可奈何。所以，完全避免客户流失是不切实际的，企业应当冷静看待客户的流失，并确保客户流失率控制在一个很低的水平。

（一）客户流失的原因

客户的流失通常主要有以下几种原因：

（1）员工跳槽，带走了客户。

这是现今客户流失的重要原因之一，很多物流企业在客户关系管理方面不够规范，客户与企业之间以业务员为桥梁，而物流企业自身对客户的影响相对乏力，一旦业务员跳槽，老客户也就随之而去。特别是公司的高级营销管理人员的离职变动，很容易造成相应客户群的流失。

（2）竞争对手夺走客户。

市场竞争激烈，为能够迅速在市场上获得有利地位，竞争对手往往会不惜代价以优厚条件来吸引那些资源丰厚的客户。

任何一个行业，客户毕竟是有限的，特别是优质客户，20%的优质客户能够给企业带来80%的销售业绩，这是个恒定的法则。所以优质客户自然会成为各大企业争夺的对象。物流企业一定要加强员工团队的建设，防止竞争对手夺走客户。

（3）企业波动导致失去客户。

任何物流企业在发展中都会遭受震荡，企业的波动期往往是客户流失的高频段位，有的是因为企业高层出现矛盾。

（4）细节的疏忽使客户离去。

客户与企业是利益关系，但情感也很重要，一些细节的疏忽，往往给人留下不良印象，导致客户的流失。

（5）物流企业缺乏创新，客户另寻出路。

随着市场的成熟及服务价格透明度的增高，服务带给客户的利益空间越来越小。若物流企业不及时创新，客户自然会另寻他路，毕竟利益才是维系客户关系的最佳杠杆。

（6）诚信问题让客户离去。

有些业务经理喜欢向客户随意承诺条件，结果没能达到，或者奖励等不能及时兑现。客户最担心与没有诚信的物流企业合作。一旦出现诚信问题，客户往往会选择离开。

（7）店大欺客，客户不堪承受压力。

店大欺客是营销中的普遍现象，一些著名企业的苛刻的市场政策常常使一些中小客户不堪重负，一旦遇到合适时机，他们就会选择离去。

(8) 物流企业管理不平衡，令小客户离去。

很多物流企业都设立了大客户管理中心，对小客户则采取不闻不问的态度。广告促销政策也都向大客户倾斜，使很多小客户产生心理不平衡而离去。其实不能小看小客户20%的销售量，拿一个年销售额10亿元的公司来说，照推算其小客户产生的销售额也有2亿元，且从小客户身上所赚取的纯利润率往往比大客户高，算下来绝对是一笔不菲的数目。

(9) 物流企业服务质量不稳定，客户利益受损。

(10) 自然流失。

有些客户的流失属于自然流失，公司管理上的不规范，长期与客户缺乏沟通，或者客户搬迁、转行转业等，都可能造成客户流失。关键所在就是物流企业的市场营销和管理不到位，不能够与一线的市场做更多的沟通。物流企业可以通过广泛建立连锁服务网点和经营分公司，或者提供网上服务等方式，让客户在任何地方、任何时候都能方便快捷地使用企业的服务，减少自然流失的发生。

当代物流企业应该有针对性地加强企业的管理、市场、营销理念，从理性的战略思维角度为客户着想，为自己企业的员工着想，为自己的服务着想。

(二) 客户流失的类型

根据客户流失产生的主导因素的不同，可以将客户流失分成主动流失和被动流失。

1. 主动流失

主动流失是指客户由于自身原因自愿离开，也称为自愿流失。造成客户主动流失的原因有很多种，主要是业务竞争。此外，还包括一些客观因素造成的服务合同解除，如客户工作地点变更、经济收入下降等原因。现在客户最关心的已经不是单纯的服务价格，而是相应的服务是否能够满足自己的需求。只有在一切都能符合其需求时，客户才可能会考虑价格。据调查，有些客户主动流失的原因是客户不能充分理解企业所提供的服务的特性，如果企业的服务说明更加贴近客户，服务更加周到，客户也许会改变主意。还有些客户选择主动流失是因为客户没有被告知企业新的服务，这使客户无法了解现有企业所能够提供的服务的最新背景，转而选择其认为技术创新强的竞争对手。可以说，随着新的服务、应用的增长，客户有了比以往更多的选择空间。这使现有企业不得不面临更大的挑战。

2. 被动流失

被动流失是指物流企业由于某种原因而决定终止向客户提供服务，也称为非自愿流失。这些问题的经常发生其实是由于企业未能有效地监控到那些具有信用风险的客户，并且没有适时采取措施。发现那些被动流失的客户相对于其他正常客户有着不同的服务使用模式，需要企业采取各种分析和跟踪手段才能做到。

(三) 客户流失的危害

客户背后有客户，流失一位重复购买的客户，不仅使物流企业失去这位客户可能带来的利润，还可能失去与受其影响的客户的交易机会，此外，还可能会极大地影响物流企业对新客户的开发。客户流失就像摩擦力损耗机械系统的能量那样，不断消耗企业的财力、物力、人力和企业形象，给企业造成的伤害是巨大的。吸引新客户的成本是巨大的，在许多企业中，广告、促销、折扣、检查信用记录和处理申请是与吸引新客户相关的一次性成本。如果客户只与这家企业往来很短的一段时间，或者只是进行一次性的交易，企业就无法收回这些成本，而且必须再次支出新的成本吸引新的客户。所以，这家企业就看不到来自这个客户的潜在利润。客户流失的危害，很多企业都感受过，在高度竞争的行业中很普遍，需要引起企业的高度重视。

二、流失客户的挽回

市场竞争就是企业争夺客户的竞争，吸引和保持客户是企业生存和发展的使命。物流企业既要不断争取新客户、开辟新市场、提高市场占有率，又要努力保持现有客户、稳定市场占有率。

有一种看法认为，客户一旦流失，便再也没有挽回的可能，其实这是一种片面的看法，只要企业下足功夫，有些流失的客户还是会回头的，毕竟曾经是客户。

研究显示，向每 4 个流失客户销售会有 1 个可能成功，而向潜在客户和目标客户销售中，每 16 个才有 1 个成功，可见，争取流失客户的回归比争取新客户容易得多。而且只要流失客户回头，他就会继续为企业介绍新客户。

因此，当客户关系出现倒退时，企业不应该轻易放弃流失客户，而应当重视并积极对待、尽力争取挽回流失客户，尽快恢复彼此的关系，促使其重新购买企业的服务。总之，在客户流失前，企业要防范客户的流失，极力维护客户的忠诚，而当客户流失成为事实时，企业则应该最大限度地挽回流失客户。

（一）客户流失管理

客户流失管理是在明确客户流失的根本原因的基础上，有针对性地制定各种层面的应对措施，通过企业的销售、营销、服务等部门及其渠道分销商，运用商务、技术手段从全方位进行客户流失管理。客户流失管理将通过流程的标准化、有效的度量、及时的改进和控制，真正帮助企业达到挽留客户、提高收益的目标。

客户流失管理的目标，从深层而言，是使其成为企业发展的核心战略之一，进而发展为企业的文化；从表层而言，是降低客户流失率，提高企业的收益。

客户流失管理的流程：首先进行客户流失分析，找出引发流失的根本原因，然后构建客户流失模型，找出可能流失的客户，接着通过各种营销活动和有针对性的服务来提升客户满意度，挽留客户，最终引入各种度量体系来评估客户流失管理的有效性。

（二）挽回流失客户的策略

1. 调查原因，缓解不满

一方面，企业要积极与流失客户联系，访问流失客户，诚恳地表示歉意，赠送小礼品，缓解其不满；另一方面，要了解流失的原因，弄清问题究竟出在哪里，并虚心听取客户的意见、看法和要求，让其感受到企业的关心。公司不仅要和那些流失客户谈话，而且对每一位流失客户都要求相关的营销人员写一份详细报告，说明原因并提出改进意见，采取一切办法恢复客户关系，控制客户的流失率。

2. 采取策略预防和避免客户的主动流失行为

面对激烈的市场竞争，企业一般可以采取三种策略预防和避免客户的主动流失行为。

（1）进攻策略：集中力量，发挥自身优势，主动发起攻势，改进服务质量，提高产品声誉，加强品牌优势。

（2）防守策略：如果企业自身能力有限，就应当努力提高服务水平和质量，实行优惠价格，尽量保持和巩固现有市场。

（3）撤退策略：企业通过市场分析或前景预测，如果感到前景对自己不利，就干脆放弃这种服务品种，以节约资源。

3. 采取措施预防和避免客户的恶意被动流失行为

（1）建立完善的客户资料库。

在与客户合作初期就要求客户填写详细的有关信息并验证其有效性，以便在客户“失踪”之后能找到客户。同时，在日常的合作中，也要与客户保持紧密的联系。

（2）对客户信誉度进行评估。

详细记录客户交易活动的历史数据，建立客户信誉度评估机制，对客户的欺诈行为进行预测。

（3）采用预付费方式。

比如通过预付电话费可以有效防止客户欠费后的流失行为。

（4）运用法律手段。

随着各项法律、措施的完善，企业可以运用法律手段来解决客户的恶意欺诈行为。

4. 对不同级别客户的流失采取不同的态度

在资源有限的情况下，企业应该根据客户的重要性来分配投入挽回客户的资源，达到挽回效益的最大化。针对下列三种不同级别的流失客户，企业应当采取的基本态度如下：

（1）对关键客户的态度。

一般来说，关键客户流失前能够给物流企业带来较大的价值，被挽回后也将给企业带来较大的价值，因此，给企业带来价值大的关键客户应是挽回工作的重中之重，要不遗余力地在第一时间将其挽回。

（2）对普通客户的态度。

企业可根据自身实力和需要决定对普通客户的流失做出多大努力来挽回。如果不用很吃力，或者是举手之劳，可以试着将其挽回。

（3）对小客户的态度。

由于小客户数量多且很零散，挽回需要很多的成本，企业可采取冷处理，顺其自然。

拓展任务

1. 你如何理解客户流失？
2. 结合企业实际说明客户流失的主要原因。
3. 如何挽回即将流失的客户？

实训练习

基础练习

1. 在客户关系管理里，客户的满意度是由以下哪两个因素决定的？(　　)

A. 客户的期望和感知　　B. 客户的抱怨和忠诚

C. 产品的质量和价格　　D. 产品的性能和价格

2. 在客户关系管理里，以下哪种情况不是客户的忠诚度的表现？(　　)

A. 对企业的品牌产生情感和依赖

B. 重复购买

C. 即便遇到对企业产品的不满意，也不会向企业投诉

D. 有向身边的朋友推荐企业的产品的意愿

3. 客户对供电公司所提供的电力服务的使用是基于以下哪种类型的忠诚？(　　)

A. 垄断忠诚　　B. 亲友忠诚

C. 惰性忠诚　　D. 信赖忠诚

4. CRM 研究的是哪种类型的忠诚？(　　)

A. 垄断忠诚　　B. 亲友忠诚

C. 惰性忠诚　　D. 信赖忠诚

5. 双向沟通必须包含：说的行为、听的行为和(　　)的行为。

A. 复述的行为　　B. 转达的行为

C. 问的行为　　D. 答的行为

6. 聆听时只听一部分内容，称为（　　）。

A. 专注的聆听　　B. 选择性聆听

C. 设身处地地聆听　　D. 建议性聆听

答案： 1. A　2. C　3. A　4. D　5. C　6. B

拓展任务

福特公司有几款车的轮胎存在质量隐患，达到一定速度后存在爆胎的可能性。客户投诉了此问题，当时对于福特公司来讲面临一个抉择：隐瞒还是承认？福特公司决定在很多媒体上公开道歉，承认自己的产品存在这样的问题，并迅速作出服务承诺：在全球召回这款车已经卖出的 10 万个轮胎。每个轮胎的价格在人民币 1 000 元以上，10 万个轮胎给一个企业带来的经济损失是巨大的，但是福特公司这么做了以后，不但没有降低它的品牌知名度，反而提升了口碑。因为客户所关心的，是购买产品出现问题以后是不是真正有人能够解决。

任务	评价你所熟悉的物流企业的客户服务质量管理体系，并分析该物流企业的客户服务基本工作环节的质量管理工作
完成时间	1学时
任务目标及要求	熟练运用客户服务管理的内容进行探讨
研讨内容	客户沟通、客户服务、客户投诉等
研讨成果	需依据所学知识得出相关结论，有理有据即可
讨论过程	分小组讨论
自我角色	组长、组员
评价	分别由其他小组及老师打分

项目六 物流企业客户关系管理的营销策略

问题引入

国内物流市场竞争激烈、无序，跨国物流企业巨头纷纷登陆，第三方物流企业的生存与发展面临巨大的挑战。基于对物流市场、物流客户特点等方面的分析，物流企业应当导入客户关系管理（CRM），用以解决企业竞争中最直接和最关键的问题——市场问题。因此物流企业CRM营销策略是企业的一项商业策略，它按照客户的分割情况有效地组织企业资源，培养以客户为中心的经营行为以及实施以客户为中心的营销手段和方式。如何针对物流企业的客户关系实施合理、有效的市场营销策略，将是未来我国各大物流企业重点需要解决的问题。

? 问题:

1. 什么是数据库营销？
2. 一对一营销可分为哪几个阶段？
3. 关系营销实施的层次有几个？
4. 客户关系管理的营销自动化有哪些功能？

任务导读

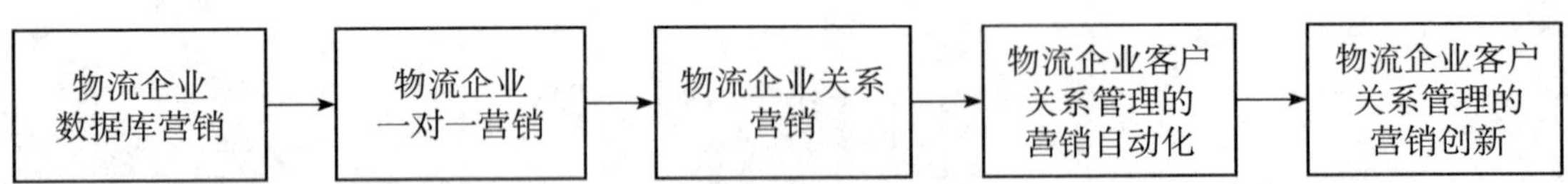

学习目标

知识目标：

1. 熟悉物流企业数据库营销的操作过程。
2. 掌握物流企业一对一营销的“陷阱”。
3. 了解物流企业关系营销的价值衡量。
4. 理解和掌握物流企业客户关系管理的营销自动化知识。

能力目标：

能够将所学营销知识运用到实际工作当中，积极培养营销意识和创新意识。

任务一　物流企业数据库营销

案例导入

欧莱雅在中国收集和整理信息的过程中遇到了无法大量获得消费者信息的问题。怎么解决这个问题呢？欧莱雅和某杂志联合新浪网开办了一份电子版杂志，叫《伊人风采》，对象是他们的目标消费者，同时也是某杂志的目标读者，这是一致的。该电子版杂志通过自建的 EDMSYS 平台，第一时间低成本地向目标读者发送，并及时得到读者的反馈。大家可能注意到了，欧莱雅的品牌实际上是放在这个电子版杂志品牌之后的，这样做是因为欧莱雅并不想强迫消费者直接进入到购买产品这个阶段，而是向消费者提供消费者所需要的信息，从而吸引消费者，以增加对品牌的了解。事实上，这个电子版杂志开办一周内就吸引了 1 800 万人。

知识探究

一、数据库营销的概念

关于数据库营销的概念，较有影响的是美国全国数据库营销中心提出的，其定义为：数据库营销是一套内容涵盖现有客户和潜在客户，可以随时扩充更新的动态数据库管理系统。数据库营销是指企业通过搜集和积累客户的大量信息，经过处理后预测客户有多大可能性去购买某种产品，以及利用这些信息给产品以精确定位，有针对性地制作营销信息，以达到说服客户购买产品的目的。

一套有效的数据库营销方法，可让营销人员乃至管理阶层有机会重新检查其营销策略与效率，认识企业与客户关系的价值，建立长期的客户忠诚度，并增加长期利润。

数据库营销发展有一定的基础和条件，具体如下：

(1) 数据库营销的客户基础。客户购买习惯的改变客观上要求企业与客户保持密切的联系，加强对客户的控制和管理。

(2) 数据库营销的技术基础。我国企业信息化水平的大大加强以及一批专业的计算机分析软件的快速发展为数据库营销奠定了技术基础。

(3) 数据库营销的产业基础。数据库营销在商业企业中应用广泛，使企业可以收集客户的资料从而提高营销工作的针对性。与人员推销和大众媒介促销相比较，企业利用数据库储存的客户资料，为可能购买者提供产品和服务信息，节省时间、精力和费用，提高促销工作的效率。数据库营销缩短了商业企业与客户之间的距离，有利于培养和识别客户的忠诚，与客户建立长期关系，也为企业实施其他营销策略提供条件。

二、数据库营销的操作过程

一般来讲，数据库营销会经历数据收集、数据存储、数据处理、数据分析、使用数据、完善数据库、更新数据库七个环节。

（一）数据收集

收集信息时要注意避免信息的非结构化问题，信息杂乱无章将会影响信息高效率的组织和输入。这些客户信息主要包括：客户的姓名、年龄、职业、家庭地址、电话号码等；客户的偏好及行为方式（心理学和行为学方面的数据）；公司与客户之间的业务交易，如订单、退货、投诉、服务咨询等；客户购买了什么产品，其购买频率和购买量如何，最后一次购买的时间及从哪儿购买等。

数据库数据一方面可以通过市场调查客户消费记录以及促销活动的记录获取，另一方面可以利用公共记录的数据，如人口统计数据等，这些信息都可以选择性地进入数据库。

具体收集方法有：

（1）从中间商和推销人员处得知；

（2）在商品上附回函明信片，请客户填写之后寄回，一般以赠品或售后服务作为回报；

（3）同业间的名单交换，如餐饮店和酒店交换各自的名单可产生极好的效果；

（4）从外部租借和购买合乎要求的名单；

（5）通过在大众传播媒介（广播、报纸、杂志、电视、Web网点等）做广告，请客户通过一定方式（电话、短信、电子邮件等）给予回复。

（二）数据存储

在充分掌握客户信息的基础上，必须以最有效的方式保存这些信息。要有效组织和利用这些信息，就要建立客户数据库。客户数据库要能用来分析客户提供的数据信息并能够在此基础上产生更多的决策信息；能够直接接受订货、开展直接邮购、评估市场营销的成功程度；要具有一定的需求预测功能等。然而我国有些企业建立的客户数据库不是为营销而设计的，大部分是为处理各种订单（如接订单、交付货物单、开具发票等）时用，仅记录客户的付款金额和付款原因，而不能帮助企业预测客户的需求变化。当然，也有些企业在这方面做得比较成功，如总部设在香港的真维斯制衣有限公司，每个客户在其下属连锁店里购买的服装的品种、规格、颜色等都被输入计算机，然后发送到总部，公司总部将这些购买信息定期进行汇总分析，能够较好地掌握市场需求特点和变化，从而满足客户的多样化需求。

许多企业让专门的服务公司来建立最初的数据库。不管数据库是由企业还是由专门的服务公司管理，都必须保证输入数据的精确性。

（三）数据处理

运用先进统计技术，利用计算机把不同的数据综合为有条理的数据库，然后在强有力的各种软件支持下，产生产品开发部门、营销部门、公共关系部门所需要的任何详细数据库。

（四）数据分析

根据使用同类产品的客户的共同特点，用电脑勾画出某产品的客户模型，此类客户群具有一些共同的特点，如兴趣、收入水平等。

（五）使用数据

数据库可以用于多个方面。如开发什么样的新产品；根据客户特性，如何制作广告比较有效；确定购物优惠券价值，决定该送给哪些客户；根据消费记录判定客户消费档次和品牌忠诚度。另外，如有关特殊身材客户的数据库不仅对服装厂有用，对医院、减肥药生产厂、食品厂也很有用。因此还可以进行数据库经营项目开发。

通过分析数据可以掌握客户需求特点，进而有目的地运用市场营销手段，或者加强客户的品牌忠诚，或者刺激客户需求，挖掘潜在客户。根据消费心理学的有关规律，客户在购买企业某一品牌产品之后，总会有意识地与其他企业同类产品在价格、性能等方面进行比较，以评估自己买的产品是否“物美价廉”。客户强烈需要自己购买的品牌得到大家的认可，以取得心理平衡。因此，企业在顺利地卖出产品之后，还要继续对本企业产品进行宣传、做广告等，塑造名牌形象，满足客户消费心理，加强客户对本企业产品的依赖和信任。

（六）完善数据库

在数据库营销中姓名和地址是最基本的信息，但是企业不能仅限于此。为了拥有一个高效的数据库，企业必须获得更多的关于客户和准客户的信息，如客户使用竞争者产品的情况、客户对产品的看法以及特定的客户对产品的特定需求等。企业可以通过各种调查和询问来完善数据库，如通过客户俱乐部、优惠券反馈、抽奖销售活动记录及其他促销活动所搜集来的信息，从而及时反映客户的变化趋势，适应企业的经营需要。

（七）更新数据库

数据库营销是一个不断发展的过程，若数据库资料没有及时更新，对企业就失去了利用价值。唯有不断增补新资料，定期删除不符合要求的过时信息，采取质和量并重的方式，才能提供在深度、广度上均符合要求的客户信息，从而提高营销的效果。

随着信息技术、通信技术的发展及计算机的普及应用，越来越多的企业在采用数据库营销这一现代化的营销方式。在未来激烈的市场竞争中，没有什么比了解客户习惯和爱好更为重要的。定期从企业内部和外部搜集信息，及时掌握客户需求变化，并尽快输入客户数据库，对数据库中的需求信息定期进行汇总分析，预测客户需求变化趋势，才有助于企业调整经营方向，及时抓住市场商机。

三、数据库营销的优缺点

（一）数据库营销的优点

1. 测试性

利用数据库营销可以评判营销活动的响应度，识别实施不同方法产生的效果。

2. 试验性

利用数据库营销能试验出不同产品是否符合客户的需要，目标市场定位是否准确等；可以很快得到试验结果，并马上应用到营销活动中；利用对营销活动试验的结果，可以准确预测销售状况，更有效地管理产品库存。

3. 选择性

由于数据库营销对客户的情况了解较多，所以可以针对客户选择有效合理的营销方法和渠道。

4. 响应性

根据数据库中的个人记录的特有情况，容易与客户进行个性化沟通，而且具有很高的响应性。

5. 适应性

通过分析数据库中的实时资料信息，可以随时根据需要为营销活动选择合适的时机，达到活动预期目标。

6. 及时性

由于数据的分析和提取是通过计算机进行的，因此可以在很短时间内获取所需资料。

7. 交互性

利用互联网络和数据库，可以直接与不同客户进行沟通，根据客户的不同要求提供特定的服务。

（二）数据库营销的缺点

为了建立和管理数据库，企业需要采购大量的计算机设备，雇佣接受过专业训练的人员，要保持客户和潜在客户记录的不断更新，工作量大、难度高，而且很费时。近年来，国内外许多企业采用高新科技成果，建立客户数据库，进行数据库营销活动，极大地提高了营销效果。然而，不少企业管理人员只重视营销技巧，忽视数据库营销活动引起的社会问题，引起了一部分客户的强烈不满。

1. 排斥性问题

在数据库营销活动中，不少企业使用直接反应媒介、电子邮件网络、磁卡等高新技术设备，记录客户购买情况，识别目标细分市场客户。在实际工作中，管理人员通常根据客户经济收入和居住区域，划分细分市场，再根据企业在各个细分市场赢利的可能性，确定目标细分市场，决定企业应提供哪些产品和服务、进行哪些促销活动。客户能否从企业获得电子折价券、现金折扣、产品和服务信息、常客奖励等利益，实际上是由客户的经济收入、居住地区等因素决定的，这样对收入较低的客户并不公平，由此也会引发社会问题。

因此，许多国家的立法机构正在研究如何完善有关法规，整顿数据库营销活动。在这种形势下，要做好数据库营销工作，企业更应自觉遵守营销道德，并采取一系列措施，解决目前数据库营销活动中存在的各种问题。

2. 隐私权问题

数据库营销活动是否侵犯客户的隐私权，是社会普遍关心的一个问题。有些企业随意使用客户数据，侵犯客户的隐私权，引起客户强烈不满。许多欧美国家正在制定有关法规，约束企业的数据库营销活动，以便保护客户的隐私权。

企业和客户对信息所有权和合理使用权有许多分歧。不少企业管理人员认为客户提供私人信息的目的是希望企业更好地满足客户的需要。因此，企业有权在数据库营销活动中使用这些信息。然而，许多客户却认为企业只能在某一次交易过程中使用自己的私人信息，对企业在其他场合或为了实现其他目的而使用这些信息感到不满。企业需花费大量时间、精力和费用搜集客户数据，或购买客户通讯录。因此，不少管理人员认为企业拥有客户私人信息所有权，在数据库中储存客户数据，并没有侵犯客户的隐私权。但是，不少客户并不同意这种观点。

四、数据库营销的作用

（一）细分市场，准确找到目标客户

建立与运用营销数据库，可以帮助物流企业准确地找到目标客户。由于客户类型与需求的多样性，形成了商品服务市场细分化的特性，而每一家物流企业均难以满足所有客户对该种服务的需求。市场细分化战略的展开，必须分析过去的客户资料，充分把握其特性与需求动态，在此基础上才能较为准确地确定物流企业经营的目标对象，并借此有针对性地提供服务，从而提高客户的满意度与企业营销的成功率，达到保持老客户和不断开发新客户的双重目的。而数据库营销使一个单独的客户成为一个微细分市场，企业在不同情形下保持与不同客户的接触和持续的控制能力，区分高价值客户和一般客户，找到本企业的最佳客户，从而将精力集中在更少的人身上，实现准确的市场定位。

（二）降低营销成本，提高营销效率

运用营销数据库准确找出某种产品的目标客户，使物流企业可以运用更经济的促销方式，降低成本，增强企业的竞争力。一方面，在市场竞争日益激烈的情况下，一些物流企业一味追求市场占有率，导致大量的无效营销活动，使营销成本大幅增加；另一方面，客户的购买行为及消费习惯发生改变，要求出现更省时、便捷的销售服务，迫使物流企业寻找更为经济的营销方式。数据库营销不需要经过代理商、批发商和零售商等中间环节即可帮助企业在最合适的时机以最合适的服务满足客户需求，降低成本，提高效率。

（三）开展有针对性的一对一服务

建立与运用营销数据库，可以及时把握客户需求动态，为物流企业推出新的服务提供准确的信息。建立与运用营销数据库可以以客户个人资料库为基础，分析研究世界各个角

落的客户的消费习惯和消费动态，使企业能按照客户的需求形态来设计服务，开展有针对性的一对一服务，并根据客户的意见不断加以改进，使企业提供的服务更符合客户的要求，进而增加客户购后的满意感，进一步强化客户对企业及产品的忠诚度。数据库营销还使企业从规模营销转向一对一营销，即个性化营销。

（四）培养长期的客户关系，与竞争对手进行区别竞争

建立与运用客户数据库，可以保持物流企业与客户之间的紧密关系，使客户成为企业长期、忠实的用户，不再转向竞争者，同时使企业之间的竞争更加隐蔽，避免公开对抗，从而稳定、扩大产品的销售市场，巩固、提高产品的市场占有率。

（五）开展交叉销售，提高营销效率

交叉销售建立在双赢原则的基础上，是指向一位客户销售多种相关的服务。这位客户必须是能够追踪并了解的单位客户。利用数据库能有效追踪目标客户并对其进行交叉销售，为其提供更多更好的、符合其需求的相关服务，从而大大提高营销效率。

（六）提高客户忠诚度

物流企业可以根据数据库中大量的现有客户和潜在客户的资料，分析客户的需求，并有针对性地向不同的客户提供不同的服务，更好地满足客户的需求和偏好。同时，根据客户对本企业服务的反馈意见，及时发现问题，进行改进，确保客户满意，提高客户的忠诚度。

（七）发展新客户

通过对数据库中现有客户的信息进行分析，物流企业可以判断潜在客户中哪些最近似于现有客户，并确定竞争对手的客户，进而有针对性地制订相应的营销计划以发现潜在客户。

五、数据库营销的实际应用

通过数据库的建立和分析，企业各个部门都对客户的资料有详细全面的了解，可以给予客户更加个性化的服务支持和营销设计，使“一对一的客户关系管理”成为可能。数据库营销是一个“信息双向交流”体系，为每一位个性客户提供了及时反馈的机会，并且这种反馈是可测定和度量的。数据库营销作为市场营销的一种形式，越来越受到物流企业管理者的青睐，在维系客户、提高销售额中扮演着越来越重要的角色。

（一）有利于市场预测和实时反应

从宏观方面来讲，从客户数据库的各种原始数据可以发现赢利机会。基于客户年龄、性别、人口统计数据和其他类似因素，企业可对客户购买某一具体服务的可能性作出预测，有针对性地制定营销策略、促销手段，提高营销效率、开发适销的服务并制定合适的价格。市场、销售、服务等一线人员将客户对物流企业的服务质量的反馈信息整理好输入

数据库，并定期进行分析，提出报告，督促服务部门改进服务性能，对服务进行前瞻性研究；管理人员可以根据市场上的实时信息随时调整服务品种。

（二）有利于分析每位客户的赢利率

基于企业数据库中的详细资料，可以利用统计分析技术计算每位客户的赢利率，争取最佳客户，培养自己极具潜力的客户。

通过数据库的建立和分析，各个部门都对客户的资料有了全面的了解，能进一步给予客户更加个性化的服务支持和营销设计。数据库营销为每一位目标客户提供了及时做出反应且可测定和度量的反馈机会，使客户能够从被动接收转为“信息双向交流”。数据库营销以客户的满意率为营销目标，通过维持客户关系来实现客户终身价值的最大化，为“一对一的客户关系管理”提供了坚实的基础。同时，数据库营销能使企业在最佳时间内、以最佳方式把信息发送给需要这些信息的群体，以方便客户，增加每单位营销费用的反应率，降低取得每个订单的成本，开拓市场。

（三）有利于客户建立起长期、高品质的良好关系

根据建立起来的数据库，营销者结合最新信息和结果制定出新策略，使客户成为本物流企业服务长期忠实的用户。

六、数据库营销和客户关系管理的关系

在企业内部，客户信息通常分散在各个部门。客户关系管理可以打破部门信息封锁的壁垒，通过现代信息技术和客户关系管理系统，将各部门分散管理的客户信息整合为一个信息中心，为一线员工的客户服务提供业务指导、技术支撑和信息保证，为各部门提供共享的全面信息资料，促进部门间的工作协调，确保营销活动的顺利开展。

通过客户关系管理，物流企业能够对客户的需求、购买行为等进行分析和追踪研究，及时把握客户的需求特点，有效地进行市场细分、合理选择目标市场和准确定位，并针对所选定的目标市场的特点制定营销策略，充分满足客户的个性化需求。

通过实施客户关系管理，企业可以给予客户更多的关怀，提高客户的满意度，维持老客户，并且在发展新客户的过程中充分发挥老客户的口碑作用，从而降低营销成本，提高效率。

在数据库营销和客户关系管理系统的实际应用过程中，二者有很多相似之处，很多应用紧密地联系在一起，但不能将二者混为一谈。

数据库营销和客户关系管理的相同点：二者都要对数据信息做分析处理；二者都建立在数据库底层支撑平台上；二者的特点都包括很强的个性化服务，带来物流企业竞争的隐蔽化，同时给同质化服务带来不同质的客户体验，带有很高的科技含量；二者的目标都是为了获得客户消费生涯的最大化，提高营销支出收益，降低成本，实现客户利益和物流企业利益的双赢。

数据库营销和客户关系管理的不同之处：数据库营销系统的核心是面向产品或者品牌的服务，而客户关系管理系统的核心是面向客户的服务。实现数据库营销的前提是数据库

系统的建立，而实现客户关系管理系统的前提是“以客户为中心”的企业文化的建立。数据库营销系统研究的“客户”是狭义的客户，多是销售过程中的客户，系统涵盖对象较单一；客户关系管理系统研究的“客户”则是广义的客户，包含自有产品制造商、内部员工、供应商、批发商、零售商和合作伙伴，系统涵盖对象较全面。数据库营销是一种营销方法、营销工具，而客户关系管理是企业的经营理念，是一套管理系统。前者是战术概念，后者是战略概念。二者涵盖的范围不同，前者较注重于营销本身，在企业中一般是由市场部发起，面对客户的是业务部门的操作人员；后者发挥市场、研发、制造、销售、服务几大部门的作用，并且各部门能充分共享客户信息，打破各部门之间的信息壁垒的封锁，在物流企业中一般是由企业领导（总裁或副总裁）发起，面对客户时各个部门以一个企业的整体形象出现。一般来说，中小企业使用数据库营销系统较多，而大型及特大型企业必须使用客户关系管理系统才可满足需求。

由此可以看出，数据库营销系统是客户关系管理系统的基础，没有数据库营销系统的建立就没有客户关系管理系统的存在。客户关系管理系统是数据库营销系统的发展与延伸，可以满足客户更广泛更深入的服务需求。在信息技术和管理现代化发展的现阶段，针对不同的服务对象二者缺一不可。

拓展任务

1. 简述物流企业数据库营销的优点。
2. 讨论一下物流企业数据库营销中数据的来源有哪些。

任务二　物流企业一对一营销

案例导入

情景一：有一天，你走进一家银行排队办理业务。你看到一边排满了人，而另一边却只有三两个人在办理业务，而且旁边或者后面还有舒适的沙发。于是你也赶紧排在了人少的这一边。但当你站到窗口告诉营业员你要存款 3 000 元时，营业员告诉你：“对不起，这个窗口只为大额储户办理业务。”此时你有何感想？是怒不可遏，大声质问营业员，或向她的上司投诉，还是怎么办？

情景二：你和你的朋友经常光顾一家咖啡厅，在消费时，你们与经理攀谈，谈到了你们对咖啡厅布置的看法和期望。当你们又一次来到这家咖啡厅时，你们惊奇地发现，你们经常围坐小叙的那一角竟然变成了你们喜欢和期望的那个样子。此时你是否感到惊讶，觉得感动？

知识探究

一、一对一营销概述

一对一营销理论认为：每个客户都有着不同的需要，因而，通过市场细分将一群客户划归为有着共同需求的细分市场的传统做法，已不能满足每个客户的特殊需要。而现代数据库技术和统计分析方法已能准确地记录并预测每个客户的具体需求，使企业能为每个客户提供个性化的服务，从而增加每个客户的忠诚度。

（一）一对一营销的基础是市场调研

只有弄清客户对一些影响因素的态度，物流企业才能根据自身情况，采取有效措施建立竞争优势。如新服务的开发推出，物流企业要考虑这个新服务的市场必要性、目标人群、竞争区域、功能特点、价格定位等基础信息，选择最佳的位置，做到“对号入座”。数字时代、知识经济的市场竞争环境下，营销决定因素十分复杂，仅凭个人市场经验远远不够，决策必须建立在系统的市场数据的基础上。产品因素、竞争因素、品牌因素、促销因素、传播因素、职业因素、年龄因素、地域文化、经济收入、家庭结构等，都影响着客户的个性需求。

（二）一对一营销的关键是细分市场

不同的个体之间，存在着一定的偏好差异，一个服务要适应多大的市场，主要取决于共性和个性维度大小的选择，即一对一营销的实施程度。一对一营销不单纯是指一个产品满足一个客户的需求，也可以是一个服务针对一个区域市场、一个服务针对某个年龄层次、一个服务针对某种情感需求等。如果把一对一营销定义在一个很小的市场，那就失去了它自身的意义。

（三）一对一营销的保障是整合布局

对弱势物流企业来讲，一对一营销主要是获取细分市场的竞争优势。而对强势物流企业来讲，一对一营销却可以帮助企业获得更大的市场份额。企业在运用一对一营销时，必须考虑大众化和个性化的市场空间问题。如主力市场采取“大众化”的一对一策略，即一对一营销的市场维度一定要有足够的广阔性，主打产品往往就承担着这个任务，去满足大批客户；边缘市场则可以采取“个性化”的一对一策略，即市场维度相对较窄，但主要任务是为了增强竞争力，有利于争夺竞争对手的市场份额或对竞争对手的某些市场造成冲击。

在新营销时代的今天，一对一营销的整合布局除考虑产品的一对一，还包括销售区域的一对一、价格的一对一、品牌的一对一、渠道的一对一、传播的一对一等。

运用一对一营销时，不要陷入思维的定式误区，如出现品牌定位过窄，给自己画一个圈，反而失去大片的市场；过于客户导向，营销导向失控，让营销活动处于被动；过分依赖数据库，忽视市场变化而不去发展新客户等。

二、一对一营销的阶段

要使企业做到从大众营销转向一对一营销并真正运作起来，以下五个阶段至关重要。

（一）识别客户

启动一对一营销之前，物流企业必须与大量的客户直接接触。关键是获知尽可能多的细节，并且牢记这是一个永无休止的过程。应该了解的不仅是客户的名字、住址和联系方式，还有客户的购买习惯、爱好等信息。不要指望某一次发张问卷就完事，而要通过每一次接触、每一个渠道、每一个消费地点、企业的每一个部门来获知这些信息。只要客户可能对企业的任何一种服务产生购买欲望，就要将其信息收入数据库。

（二）对客户进行差异分析

不同客户之间的差异主要在于两点：客户对服务的需求不同，客户对公司的商业价值不同。试着把客户分为 A、B、C、D 等不同的级别。一个 A 级客户的价值也许无法完全用金钱来加以衡量：一流的客户在帮助企业完成业绩方面可能拥有举足轻重的影响。与之相对，C 级或 D 级的客户在和企业打交道的时候没准会为企业带来负值。对客户进行有效的差异分析，可以帮助物流企业更好地配置资源，使服务的改进更有成效。企业应牢牢抓住最有价值的客户，取得最大限度的收益。

（三）与客户保持积极接触

一对一营销把客户交流当作物流企业成长战略的一个重要部分。企业应探询客户过去买了些什么，发现客户的实际价值，然后开发可能从客户身上获取的递增的业务，也就是通过更全面地了解客户来挖掘其“战略价值”。通过此步骤，最好的、最有效的公开交流渠道被建立起来，无论是使用网站，还是应用呼叫中心，目的都是降低与客户接触的成本，增加与客户接触的收效，最终找到与客户建立“学习型关系”的办法。客户的反馈在此阶段至关重要。

（四）物流企业与客户双向沟通

在差异化分析的基础上与客户进行个性化交流和沟通后，物流企业针对不同客户提出的特殊需求，“个性化”地调整自己的服务，就涉及大量的客户化工作。事实上，这些客户定制的调整点并不在于客户需要服务本身，而在于围绕着这种服务“周边”的各种服务，诸如交货方式、包装样式等。提高双向沟通的成本收益和沟通效率是一对一营销发挥现实意义的关键一步。成本收益的提高有赖于信息反馈的自动化和低成本。面对一对一营销，所熟悉的一些大众媒介已经不再能满足需要，要求企业寻找、开发、利用新的沟通手段。计算机产业以及信息技术的高速发展，为企业与客户提供了越来越多的沟通选择，如现在有些企业通过网站向其目标客户传达并获取最新最有用的信息，与利用客户拜访中心相比，大大节约了成本。

（五）调整服务以满足每个客户的需要

一旦了解客户的需求，就必须采取行动，提供能够为其带来额外收益的服务。把客户锁定在学习型关系中，将自己的服务加以个性化，是很必要的。这可能涉及大量的定制工作，向客户准确地提供其需要的东西会极大提高客户的忠诚度。

实施真正一对一营销其实并非易事。教会一个销售人员做到热心周到并不难，但要真正掌握识别、跟踪并与一个个客户打交道的技能，做到产品或服务的一对一营销，困难很大。

发展一对一营销，需要企业对自身的经营方式进行彻底改变。一对一营销面对的主要障碍是管理和文化方面的。如果不能将客户信息整合到每项企业职能中，贯穿从客户服务到生产运营、从后勤保障到渠道管理的整个流程，一对一营销根本就行不通。对公司文化和运营系统的改造应该循序渐进。一对一营销的目的不是动摇企业，而是重新组织公司的资源，为最有价值的客户提供优异的服务。即使一家公司无法采用针对个人的营销策略，它仍然能通过单独与人交流受益。企业所有的努力都是为了一个目标：让商业关系开始变得像个人关系。

三、一对一营销的“陷阱”

（一）客户忠诚的逻辑“陷阱”

按照一对一营销理论，通过客户数据库中反映出的客户过去的偏好，就能判断客户将来的需求。这里存在一个悖论：实施一对一营销需要客户数据库的支持，而客户数据库的建立与完善需要物流企业与客户有较为密切的互动。实际上也就是要求客户是忠诚的，但恰恰培育客户忠诚是一对一营销的目的，这个目的反过来又成为了实现一对一营销的必要条件。

对某些老客户，物流企业确实有可能通过对其既有购买数据的利用与完善，为其提供更好的服务而提高其满意度，进而巩固其忠诚度。但对那些还没有重复购买行为的客户，特别是一些购买不频繁的耐用品客户，企业就很难在掌握充足客户数据的情况下再根据不同客户定制决策，这些信息已经无法构成行动基础。

（二）品牌定位“陷阱”

一对一营销强调要将精力集中于客户份额上，而非追求市场份额。品牌的生命力，凝聚于其对目标客户群体所提供的比较一致的价值，也就是存在于品牌的价值定位中，而不是分散于提供给每个客户的不同价值当中。由于每个客户都有复杂多样的需求，提高客户份额需要企业扩大经营项目，在差异化发展的同时，结果必然偏离品牌的定位，分散和模糊企业的形象，导致品牌价值的下跌。

（三）客户导向“陷阱”

一对一营销中，物流企业的一切活动都以满足从客户数据库中挖掘出的每个客户的需求为目的。然而，在企业与客户的互动过程中，无论是根据客户的购买历史数据，还是客户的投诉、建议等，反映的都是老客户言明的需求、表现出的偏好和对现存服务的态度。管理学家哈默和普拉哈拉德也说过，企业的未来维系在客户没有表达出来的模糊需求上，特别是那些潜在客户的模糊需求上，探求并满足这些客户的需求才是真正的客户导向。正是这些客户数据库中不可能存在的东西，才能指引企业的未来之路，保证企业的长久持续发展。

（四）数据库万能“陷阱”

客户都存在求新求变的心理，特别在个性化越来越张扬的今天，这种心理更加明显。根据客户过去的需求特点设计未来的服务，物流企业恐怕就会陷入失去活力的境地，最终被客户放弃。信息技术的发展，使一对一营销不能保证物流企业从客户数据中挖掘细致到极点的、准确的客户偏好与需求。

另外，在客户由产生购买欲望到发生最终采购行为，影响因素非常多，可以是心情的一时波动、朋友或导购员的一句话、终端布置的一个细节，甚或天气的变化。无论信息技术如何发达，把这些海量数据全部纳入数据库并借以分析客户的消费行为，都不切实际。可见，客户数据库决非万能的，客户的购买行为规律难以准确挖掘出来。

拓展任务

1. 简述一对一营销的阶段。
2. 试述一对一营销实施过程中需要注意的问题。

任务三　物流企业关系营销

案例导入

为了提高顾客的满意度，联想推行五心服务的承诺：“买得放心，用得开心，咨询后舒心，服务到家省心，联想与用户心连心”，大大拉近了顾客与公司的关系。联想非常注意在各个环节都与顾客保持联系，最大限度地满足顾客的需要。在购前阶段，联想不仅采取广告、营业推广和公关等传统的营销手段，而且通过新产品发布会、展示会、巡展等形式来介绍公司的产品，提供咨询服务。在顾客购买阶段，联想不仅提供各种优质售中服务（接受订单、确认订单、处理凭证、提供信息、安排送货、组装配件等），而且帮助零售商店营业人员掌握必要的产品知识，使他们能更好地为顾客提供售中服务。另外还推出家用电脑送货上门服务，帮助用户安装、调试、培训等。在售后阶段，联想设立投诉信箱，认真处理消费者的投诉，虚心征求消费者的意见，并采取一系列补救性措施，努力消除消费者的不满情绪。联想还加强咨询、培训、用户协会及“1+1”俱乐部刊物等工作，经常性举办各种活动，如“电脑乐园”“温馨周末”等，向消费者传授计算机知识、提供信息、解答疑问。这样，联想发展和保持了一批忠诚的顾客。此外，忠诚顾客的口头宣传起到了很好的蚁群效应，增强了联想的广告影响，也大大减低了联想的广告费用。

知识探究

一、关系营销概述

随着社会经济条件的发展，特别是市场竞争的日益激烈和市场营销组合策略的广泛运用，人们逐渐发现，许多经过精心策划的市场营销组合计划在实施过程中困难重重，难以达到预期的目标。于是，西方企业界和学术界一批颇具发展眼光的人士突破传统的市场营销框架，积极寻求和创建适应当代企业竞争要求的营销理论和方法，关系营销就此脱颖而出。

最早提出关系营销这个术语的是伦纳德·贝利教授，他于1983年在美国市场营销学会的一份报告中指出“关系营销就是吸引、维持和增强客户关系”。

格罗鲁斯认为“营销就是建立、保持和加强与客户以及其他合作者的关系，以此使各方面的利益得到满足和融合。这个过程是通过信任和承诺来实现的”。

顾曼森提出了关系营销的广义定义：“关系营销就是市场被看作关系、互动与网络。”

摩根和亨特认为“关系营销是指所有旨在建立、发展和保持成功关系的活动”。

工业市场营销专家巴巴拉·B.杰克逊从工业营销的角度将关系营销描述为：“关系营销关注吸引、发展和保留客户关系。”

服务营销专家克里斯托弗、佩恩和巴伦廷从服务业的角度出发，视关系营销为市场营销、客户服务和质量管理的总和，提出关系营销把这些因素集合起来使之联系更加紧密。

二、关系营销的层次

（一）一级关系营销

指企业通过价格和其他财务上的价值让渡吸引客户与企业建立长期交易关系，如对那些频繁购买以及按稳定数量进行购买的客户给予财务奖励的营销计划。

（二）二级关系营销

指企业不仅用财务上的价值让渡吸引客户，还尽量了解单个客户的需要和愿望，使服务个性化和人格化，增加企业与客户的社会联系。它的主要表现形式是建立客户组织，通过某种方式将客户纳入企业的特定组织中，企业可以给予长期客户优惠和奖励，提供产品最新信息，定期举办联谊活动，从而加深客户的情感信任，密切双方关系。

（三）三级关系营销

指使企业和客户相互依赖对方的结构性变化，也就是双方合作伙伴关系。如企业可以为客户提供特定的设备或计算机联网，帮助客户管理其订货、付款、存款等。良好的结构性关系将减少客户转向竞争者的机会，同时增加客户脱离竞争者而转向本企业的利益。

关系营销认为，一级关系营销是低层次的，尽管这种方式看起来对客户很有吸引力，但却很难创造持久的客户关系，因为很快就会被竞争对手模仿从而失去优势。三级关系营销是高层次的，不仅是手段而且是营销哲学，双方的关系是互惠、稳定的，给双方带来长期的价值，可以获得持久的竞争优势。二级关系营销介于两者之间。

三、关系营销的价值衡量

关系营销为客户创造和传递的价值一般用“让渡价值”来衡量。所谓让渡价值，就是客户总价值与客户总成本之差。其中，客户总价值包括客户在购买和消费过程中所得到的全部利益，这些利益可能来自产品价值、服务价值、人员价值或形象价值。对客户总价值的分析是客户理论研究的重点。客户总成本包括客户为购买某一产品或服务所支付的货币成本，以及购买者预期的时间、体力和精神成本。

企业自身从关系营销中得到的利益，可以结合客户赢利能力、客户流失成本、客户保留成本等指标来衡量。

（一）客户赢利能力

关系营销涉及吸引、发展并保持同客户的关系，其中核心原则是创造真正的客户：一方面这类客户认为自己得到了有价值的服务，愿意与企业建立和保持长期、稳定的关系；另一方面，这类客户是最有价值的客户，除了愿意为企业提供的便利支付高价外，还将该企业介绍给他人，义务宣传企业的产品和服务。对许多企业来说，最小的客户也能按全价付款，并且只接纳最低程度的服务，但是与最小客户的交易费用降低了公司的利润率；中等规模的客户接受良好的服务，并且几乎能按全价付款，在大多数情况下是最具赢利能力的；最大的客户一般要求周到细致的服务和最大限度的折扣，这往往降低了公司的利润水平。因此，大部分可赢利客户并不是企业的最大客户或最小客户，而是一些中等规模的客户。这里赢利能力的概念强调了客户的终身价值，而不是指一次特定交易的利润。影响客户赢利能力的因素有很多，包括需求性质和大小、客户的讨价还价能力、客户的价格敏感度、客户的地理位置和集中度等。企业常常发现20%～40%的客户也许是无赢利的，因此很有必要对企业的客户进行分析。

（二）客户流失成本和客户保留成本

由于吸引新客户的成本高于保留老客户的成本，而且老客户的赢利能力一般也高于新客户，因此关系营销的最终目的就是要通过关系的建立和发展留住老客户。科特勒曾提出按照以下 4 个步骤来进行是否采取客户保留措施的决策：

（1）测定客户的保留率，客户保留率即发生重复购买的客户比率。

（2）识别造成客户流失的原因，计算不同原因造成的流失客户比率。

（3）估算由于不必要的客户流失而引起的企业利润的损失，这一利润就是客户生命周期价值的总和。

（4）企业维系客户的成本只要小于损失的利润，企业就应支付降低客户流失率的费用。

拓展任务

1. 试述关系营销与传统营销的区别。
2. 讨论一下关系营销的实施原则。

任务四　物流企业客户关系管理的营销自动化

案例导入

漳州某电信营业部结合全员营销及客户经理制推动工作的需要，同时为了提升营业部的经营管理水平，在公司信息技术部的配合下，主要利用营业部的技术力量开发了一套CRM系统，并在使用过程中结合营业部的业务需要和使用人员的反馈意见，不断进行深度开发和功能扩展。作为营业部自主需求、自主开发的一套CRM系统来说，其毫无疑问是当前比较切合营业部需求的。通过该系统，许多客户经理对于客户数据的查询不需要再通过电脑系统管理员来完成，这样，营业部中直接面对客户的客户经理的工作效率无疑有了一个质的飞跃。现在该系统在营业部中已经使用了很长时间，经过不断的改造后，在数据的查询功能、对客户经理的管理等方面正一步步地走向成熟。

知识探究

一、营销自动化概述

随着以互联网为代表的网络经济的到来，市场正在发生着由卖方市场转向买方市场的微妙变化，客户讨价还价的能力在逐渐提高，市场营销的变量也正在由传统的“4P”演变成以客户为中心的“4C”——客户需求和要求、客户购买产品的成本、便利程度以及与客户的交流。毫无疑问，基于“4C”的市场营销策略着重从客户入手，即从客户的定位和客户的需求出发来确定市场营销策略。企业关注的不仅是市场占有率，而且还有客户占有率、客户的满意度和客户的忠诚度，这是企业生存发展的关键。

（一）营销自动化的含义

现代营销自动化是客户关系领域内发展迅速的理念。其主要观点认为，在全生命周期营销管理的基础上，通过增加自动化程度，对核心营销功能进行自动化改进。它要求企业协调多种营销渠道，利用现代化网络技术，综合电话营销、电视营销、直接邮寄、传真等全方位营销策略，洞悉客户需求，完善客户服务，辅助营销决策。实现营销自动化系统，需要解决如下问题：

（1）选择和细分客户、追踪客户、与客户实时交互、建立动态数据库；

（2）设计、执行、评估市场营销活动；

（3）进行活动过程监控，提高市场营销效率；

（4）支持移动性，实时对供应商和客户进行有效监督和支持。

营销自动化，也称技术辅助式营销，是 CRM 领域中比较新的功能，其着眼点在于通过设计、执行和评估市场营销行动和相关活动的全面框架，赋予市场营销人员更强的工作能力，使其能够对直接市场营销活动的有效性加以计划、执行、监视和分析，并可以应用工作流技术，优化营销流程，使一些共同的任务和过程自动化。

（二）如何正确找到 CRM 工具

购买 CRM 工具的程序如下。

1. 确定需求

在没有搞清是否需要营销自动化工具的业务状况之前就提到要用某供应商的软件是不明智的。应与 IT 部和业务部的人一起来敲定数据库要求、系统要求、客户数量、如何利用现有数据库，以及系统或软件、平台要求。

2. 计算成本

运用以上的讨论结果确定所有的成本，包括实施解决方案成本及雇佣熟练的员工和维护人员的成本。做好基础工作并在一定时间内量化利润收益，看是否能产生一个吸引人的 ROI（投资回报率）。

3. 设定优先考虑事项，确定业务需求和技术限制

在决定中清楚地表明哪个重要、哪个能产生好的结果。不要购买所谓的“完全解决方案”。只有对什么是最重要的有清晰的概念，才会知道应该买怎样的产品。

4. 权衡选择

想要在企业内部建立基础构架还是依靠外部服务，寻求战略伙伴，签订租赁协议，这些都需要选择。

5. 确定特定的供应商

这一步开始考虑供应商。熟悉企业需求的经理能将市场上众多的供应商的选择范围缩小到五六家。不要轻易放过市场上的重量级供应商。通过电话或者互联网联系、筛选供应商。

6. 参考信息

咨询其他企业是如何实施 CRM 项目的，从中获取宝贵经验。

7. 测试可用的软件

让统计分析师、项目经理以及一些关键使用人员参与测试工作。只有实际的使用经验才能使企业确认该工具是否适合。

8. 比价

每一个供应商都有自己的定价结构，需要权衡、选择。

二、营销自动化的构成

物流企业CRM系统中的营销功能，必须能适应未来企业市场营销观念的变革和策略的变化，能够在客户的个性化需求高、产品和服务的寿命周期短、信息技术含量大的全球化市场竞争中提升企业的营销能力，协助企业把握变幻莫测的市场商机并获得成功。CRM系统中的营销自动化（MA）软件可以被分成3个领域：高端营销管理；Web方式的营销执行；面向营销的分析。

（1）高端营销管理主要集中在涉及B2C营销的公司里，而B2C公司一般都具有很大的用户规模，这些数据库的规模及需要的基础设施引起了硬件厂商的极大兴趣，已经开发了全套的企业MA（EMA）产品来满足B2C市场的需求。高端营销管理需要用户实现一个数据仓库结构并且具有成熟的基础，以用于管理庞大的数据仓库。

（2）Web方式的营销执行绝大多数用在B2B市场上（较少的用户数量，所有的目标用户都具有现成的E-mail地址），这些用户除了直接邮寄、传真和电话外，还使用Internet作为主要的执行工具。营销执行包括旨在收集更多客户信息的大量电子邮件、反映营销全过程的Web站点和用于某些目标客户的个性化的Web页面。

（3）面向营销的分析重点是分析销售和营销的所有主要方面（如赢利），并且将其与客户活动数据和ERP数据关联起来，以便进一步改进营销策略。

三、营销自动化的功能

营销自动化功能的最终目标是，企业可以在活动、渠道和媒体间合理分配营销资源以达到收入最大化和客户关系最优化效果。CRM管理环境下，要求营销自动化的功能组件能够实现以下功能：

（1）增强市场营销部门执行和管理通过多种渠道进行多个市场营销活动的能力，具体来讲，包括基于Web和传统市场的营销宣传、策划和执行；

（2）可对活动的有效性进行实时跟踪，并对活动效果做出分析和评价；

（3）帮助市场营销机构管理、调度其市场营销材料库存的宣传品及其他物资；

（4）实现对有效需求客户的跟踪、分配和管理；

（5）集成到销售和服务项目中，从而实现同具有特殊要求的客户进行交互操作（个性化营销），在B2B模式环境中，确保不同产品间关系的清晰，在B2C环境中，尽可能发现B2C和B2B之间的可能关系；

（6）现代营销自动化是基于资产的，除了所有阶段的营销管理外，许多核心营销功能（如客户统计等）可以通过增加自动化程度来改进。

拓展任务

讨论一下客户关系管理营销自动化功能的实际应用案例。

任务五 物流企业客户关系管理的营销创新

案例导入

尼尔森公司曾对一个典型的美国城市进行了调查，在该市，三家相互竞争的超市各自有一套频次营销计划。忠诚计划参与者的购买量占到了每家商店销售额的90%以上。然而，这些参与者之中有四分之三的人在钱夹里不只放有一张忠诚计划优惠卡，而且超过半数的人三张全有。三家超市中的一家——迪克超市成了为数不多的成功营销实践者之一：迪克超市开始尝试创新，利用从其顾客处所得到的信息向顾客们提供了竞争对手无法轻易仿效的激励，因为这些激励是根据每个顾客独自的爱好及购物周期而专门设计定制的。一位顾客在迪克超市购物越多，超市为其专门定制的优惠也就越多，这样就越发激励顾客保持忠诚。

知识探究

一、营销渠道的创新

从营销渠道创新来讲，有五种信号标志着渠道需要进行创新或存在创新的可能：一是满意的最终用户；二是有许多未被使用的营销渠道；三是持续上升的渠道费用；四是不思进取的分销商；五是客户管理方法落后。对于营销渠道中存在的上述问题，几乎所有物流企业都深有体会，并积极地采取措施进行创新。以客户满意为主要目标，将注意力从服务于分销商转移到服务于客户上来，只有客户满意，物流企业才能取得良好业绩，这一简单道理被许多物流企业忽视，客户满意度决定客户忠诚程度，只要客户忠诚，就能为物流企业进行渠道创新和渠道整合创造良好的前提。新的营销渠道不仅给各物流企业带来全新的客户期望值，而且可以重新定义营销成本或服务标准。

（一）直接营销是营销渠道的变革

由于互联网和电子技术的迅速发展，直接营销为物流企业缩短营销渠道、满足客户需求提供了更为广阔的空间。信息网络使服务提供者跳过传统的分销商和最终客户打交道，直接营销日益显示出它的优势，而且已经成为一种趋势，这种新的营销渠道意味着公司不用受制于中间商，也不用承担巨额的库存费用。戴尔电脑的直销模式告诉我们，顾客可以通过网上定制直接获得自己想要的个性化电脑，不需要中间商的存在，大规模定制营销已悄然而至，物流企业开发和管理营销渠道的能力正在使所处行业发生革命性变革。

（二）差异化营销渠道

通过市场细分渠道，向客户输送增加值，寻求渠道差异化优势，是营销渠道管理的关键，是以增加购买价值的方式直接面对最终客户，使其重复购买，也就是说要培养客户对服务的忠诚。为此，企业必须广泛了解客户的消费经验，并开发对客户的观察能力，后者有赖于不断贴近客户，如英国航空公司的软件能针对头等舱、商务舱客人以及常客的喜好，提供从饮料、报刊到电影的一切服务，根本不需要客人提出要求。

（三）营销渠道的整合

营销渠道的整合是指将彼此分开、缺乏沟通与合作的营销渠道有机地结合为一体，从整体上提高营销效果和服务质量，实现共同的营销目标，在差异中寻求一致，从而减少内耗，通过协调一致的营销行为共塑企业在市场中的形象。保险公司的渠道整合便是最好的佐证，因为保险营销的渠道无固定模式，一家保险公司针对不同目标市场、不同顾客、不同险种，往往会考虑采用最有效而又能承受其成本的营销渠道策略，渠道的多样性使保户增加了选择，也使保险公司的产品营销更具灵活性。一个整合了众多营销渠道的营销平台，才能真正适应市场日趋个性化、理性化的需求。一般来讲，营销渠道整合战略可分为以下三种。

1. 集中型

集中型渠道战略是指企业利用多种营销渠道实现一个企业的细分市场。这些营销渠道也会形成重叠，因此有时也会有竞争。

2. 选择型

选择型渠道战略是指企业利用某一相对独立的营销渠道实现某一特定的企业细分市场，所有营销渠道彼此之间既不重叠也不相争。

3. 混合型

混合型渠道战略是指企业并不采用单纯的集中型渠道战略或选择型渠道战略，而是两种渠道战略的混合。典型的混合型渠道战略是利用选择型渠道战略模式服务于企业主要产品细分市场，而利用集中型渠道战略模式服务于大规模市场。例如：企业为小规模业务提供相互重叠的集中型渠道模式，使每一客户都能得到来自这些渠道中任何一种渠道的服务，从而尽可能多地达成交易。同时，企业利用其直销队伍为特定的产品细分市场服务，即为那些大客户提供特殊服务，其目的不在于追求大的市场覆盖率，而在于为特定客户提供优质、个性化的服务。这种渠道战略，在提高产品销售量的同时，保留了一支独立的营销渠道，致力于为企业的核心客户提供优质服务，因此具有十分强大的功能。

（四）与合作伙伴建立良好关系

在经济全球化的今天，商业竞争朝着国际化的方向发展，只有与合作伙伴建立起长期可依赖的关系，采取“双赢”战略，才能借助合作伙伴的渠道赢得市场地位。日本的三菱与德国奔驰在汽车、宇航、集成电路等方面建立了良好的合作关系，从而使三菱集团得以在欧洲统一大市场建立之前就进入欧洲，作为回报，三菱集团帮助奔驰公司在日本建立起销售网，双方各有所取。虽然一些分析家预计，随着更多的企业采用 Web 技术和电子商务，企业的渠道分销商和经销商等中间环节将会迅速消亡。然而，实际情况并非如此。Internet 和 Web 技术的迅速发展并未意味着间接销售渠道的灭亡，相反，将促进这些中间商更好地发展，因为 Internet 和 Web 技术不仅可向间接销售渠道提供更为有效的销售工具，而且还可向企业的销售人员及电子商务管理人员提供控制、管理间接渠道活动的更为有效的手段与工具。

另外，尽管现代科学技术的发展为产品走向市场提供了许多新的渠道模式，为产品与客户的直接沟通与交易提供了更多的途径，但是对于某些产品或者市场来说，企业必须依靠其他渠道成员的增值服务来共同创造客户价值最大化。即使是“直销之王”戴尔公司，在新兴市场上也采取分销手段。这是由于在那些地区没有直销的两个基本条件——速递公司和服务提供商。因此，如何优化、管理、维护与渠道商之间的关系，提升整个价值系统竞争力，并且与新型渠道模式进行有机的整合，是未来企业的整体营销渠道创造竞争优势的关键。

二、客户关系管理下对物流企业进行革新

物流现代化不仅使服务的可信赖度得以提高，而且也使交易能够迅速地开展，有利于商品价值的实现。敏捷的物流缩短了企业和客户在时间和空间上的距离，有利于缩短营销环节，使经营活动真正建立在快速响应客户需求的服务基础上。革新的主要内容包括信息化改造和企业物流中心建设。

（一）信息化改造

即以企业信息系统为基础，根据客户的需求，对物流进行管理，将生产、配送和销售一体化，整个系统中不同的部门达到信息共享。在此情况下，经销商就可以以很低的存货成本和大量的可用的“虚拟物流”来满足客户的需求。

（二）企业物流中心建设

企业物流中心是企业为了保证生产和销售的顺利进行而设置的从事物流规划与实施、计划与监控、订购、物料保管、调控、分装与包装、运输安排、产品组织、外包组织与监控、服务组织与协调的综合性专业组织。它的建立明确了物流的职能管理，使物流各个方面分工相互协调，物流效率大大提高。

三、营销策略的创新

（一）注意力经济

“注意力经济”的概念是美国学者迈克尔·戈德海伯在 1997 年发表的《注意力购买

者》中提出来的。他指出，在以网络为基础的信息社会中，人们面对的是浩如烟海的信息，对人们来说，信息已经不再是一种稀缺的资源，而是相对的过剩，稀缺的资源是人们的注意力。在网络充当经济平台和信息媒介的经济中，网络营销开始有自己的新游戏法则，那就是围绕“注意力”开展“概念”（或品牌）营销。

（二）概念营销

所谓概念营销，是指企业在市场调研和预测的基础上，将产品或服务的特点加以提炼，创造出某一具有核心价值理念的概念，通过这一概念向目标客户传播产品或服务所包含的功能取向、价值理念、文化内涵、时尚观念、科技知识等，从而激发目标客户的心理共鸣，最终促使其购买的一种营销新理念。概念营销的一大特征是差异营销和个性营销，彼此互有相通。概念营销是差异营销，因为概念几乎是唯一的，无法复制的；概念营销又是个性营销，在一定程度上它是为了满足个性需求而产生的。

注意力经济和概念营销的关键是获得客户持续的注意力，将产品的核心价值与目标客户的切身利益相结合，但是，如果物流企业完全脱离其提供的服务，仅仅搞一些文字游戏和一些虚假的新闻炒作、追求轰动效应，以此来捕获客户的注意力，并不能获得客户的满意和忠诚，最终还是要失败的。

拓展任务

物流企业客户关系管理的营销创新可以从哪几方面着手？

实训练习

基础练习

1. 最终目标就是提升整体的客户忠诚度，并使客户的终生价值达到最大化的营销方式是（　　）。

A. 数据库营销　　B. 一对一营销

C. 关系营销　　D. 促销

2. 将收集的数据，以消费者为基本单元，逐一输入电脑，建立起消费者数据库是指（　　）。

A. 数据建立　　B. 数据收集

C. 数据处理　　D. 数据储存

3.（　　）服务成为市场竞争的主要手段。

A. 人性化　　B. 价格

C. 专业　　D. 销售

答案： 1. B　2. D　3. A

拓展任务

在制定物流服务战略时，中小物流企业并不存在资源优势，因此不能将其作为制定物流服务战略的基本依据，能够作为制定物流服务战略的基本依据的只能是市场。从目前中国的现实来看，大量中小型的、采用传统技术手段、提供阶段性物流服务、按竞争生存法则运行的物流企业将在很长时期内作为我国物流服务业的主要力量。所以，对许多处于转型中的中小物流企业来说，适宜的服务战略指导思想就是从小的做起（规模的）和从简单的做起（专业的）。企业的竞争战略从基本上来说有三种类型：成本领先战略、差异战略以及集中战略。成本领先战略追求的是标准化的、规模化的服务，并需要得到客户的认同，这是需要以雄厚的基础为保证的。差异战略追求的是创新的、差别化的服务。而集中战略则追求小范围的、专业化的服务。

可以看出，对于中小物流企业来说，在实力有限的情况下，选择集中一点战略，实施一对一营销，才能做到量体裁衣，服务专业化，才能具有竞争力。

任务	物流企业如何实现对自己产品或服务的一对一营销
完成时间	1学时
任务目标及要求	熟练运用物流企业的一对一营销策略的相关内容进行探讨
研讨内容	物流企业客户关系管理的营销策略等
研讨成果	需依据所学知识得出相关结论，有理有据即可
讨论过程	分小组讨论
自我角色	组长、组员
评价	分别由其他小组及老师打分

物流企业客户关系管理与企业核心竞争力

问题引入

在现代社会中，客户服务越来越从经营活动的辅助手段变为企业为客户提供的产品的一部分。如果客户服务水平不能跟上竞争的需要，顾客也不可能购买“残缺的次品”。物流企业只有不断提高自身的服务能力，才能在市场化浪潮中保持自身的核心竞争能力，始终立于不败之地。

问题:

1. 企业的核心竞争力是指什么?
2. 如何提升企业的核心竞争力?

任务导读

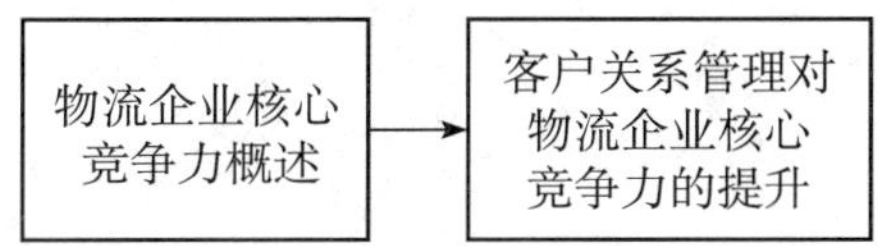

学习目标

知识目标:

1. 熟悉企业核心竞争力的特征。
2. 了解形成企业核心竞争力的影响因素。
3. 了解 CRM 打造企业核心竞争力的必要性和可能性。

能力目标:

进一步增强提高企业核心竞争力的意识。

任务一　物流企业核心竞争力概述

案例导入

众所周知，完善的物流网络和先进的信息系统，是现代物流企业克敌制胜的法宝。但是国内有多少物流企业意识到，优质的客户服务也是一个企业在现代物流竞争中取胜的核心竞争力呢？跟物流网络和信息系统相比，客户服务是物流企业中投资最少、最立竿见影却又最易被忽视的一块重要内容。美国康涅狄格州的斯图·伦纳德奶制品商店保持着每平方英尺销售额最高的世界纪录。该商店的成功之处在于将“如果你悉心关怀客户，客户也会报之以李”的理念发挥至极致。商店的创建者斯图·伦纳德，基于每个客户平均每周消费 100 美元和 10 年的客户生命周期，计算出每个客户的生命周期价值是 50 000 美元。他鼓励员工要以 50 000 美元的态度对待每一个客户，如果有客户蹙眉表示不满，他们应该看到有 50 000 美元正从商店流失。无独有偶，在我国医药流通行业排名第五的南京医药有限公司在十年前还不过是一家年销售额数千万元的地方医药流通企业，但是由于它比同行业其他企业更早重视提高客户服务水平，时至今日已经发展成为年销售额达 50 亿元的大型医药流通集团。

知识探究

一、 核心竞争力的概念

“核心竞争力”的概念，最早由美国密歇根大学商学院的普拉哈拉德教授和伦敦商学院的哈默尔教授于 1990 年发表在《哈佛商业评论》的一篇论文《公司的核心竞争力》中提出。他们认为，随着世界的发展变化、竞争加剧、产品生命周期的缩短以及全球经济一体化的加强，企业的成功不再归功于短暂的或偶然的产品开发或灵机一动的市场战略，而是企业核心竞争力的外在表现。核心竞争力是能使公司为客户带来特殊利益的一种独有技能或技术。

（一）核心竞争力的特征

（1）核心竞争力能很好地实现客户所看重的价值，能显著地降低成本，提高产品质量，提高服务效率，增加顾客的效用，从而给企业带来竞争优势。例如：索尼公司的核心能力是“迷你化”，它给顾客的核心利益是好携带；联邦快递的核心能力是极高水准的后勤管理，它给顾客的核心利益是即时运送。

(2) 核心竞争力必须是企业所特有的，并且是竞争对手难以模仿的，也就是说它不能像材料、机器设备那样能在市场上购买到，而是难以转移或复制的。这种难以模仿的能力能为企业带来超过平均水平的利润。

(3) 核心竞争力具有延展性，能够同时应用于多个不同的任务，使企业能在较大范围内满足客户的需要。如佳能公司利用其光学镜片成像技术和微处理技术方面的核心竞争力，成功地进入了复印机、激光打印机、照相机、扫描仪以及传真机等20多个产品领域；本田公司的核心专长是引擎设计和制造，这支撑了其对于小汽车、摩托车、割草机和方程式赛车的制造。

(4) 核心竞争力是一种集合能力。一般情况下，它是企业内部不同能力的集成组合，很少有企业的单一能力能够成为该企业的核心竞争力。它是企业跨部门人员不断学习、获得知识、共享知识和运用知识而形成的整合知识和技能。这也是为什么一家企业的核心竞争力不容易被其竞争对手模仿或复制的原因。单项能力比较容易模仿和复制，但是要仿制经过整合了的核心竞争力就困难得多，因为核心竞争力的整合机制和相关环境条件是难于模仿和复制的。核心竞争力还是看不见、摸不着的东西，必须经过它的载体如核心产品才能体现出来。因此，核心竞争力也是无法（因为是集合的、无形的）或者不易（因为成本太高）购买到的。

最初关于这一理论的讨论都是定性的。经过学术界、众多的管理咨询公司和企业界的努力，有关核心竞争力的模型现已逐步走向定量化研究，变成一种比较成熟的解决企业竞争问题的方法。

（二）企业核心竞争力的特征

所谓企业核心竞争力，是指支撑企业可持续性竞争优势的开发独特产品、发展特有技术和创造独特营销手段的能力，是企业在特定经营环境中竞争能力和竞争优势的合力，是企业多方面技能和企业运行机制如技术系统、管理系统的有机融合。企业核心竞争力可以详细地表达为：它是企业长期形成的，蕴含于企业内质中的，企业独具的，支撑企业过去、现在和未来竞争优势，并使企业长时间内在竞争环境中能够取得主动的核心能力。它不仅表现为企业拥有的关键技术、产品、设备或者企业的特有运行机制，更为重要的是体现为上述技能与机制之间的有机融合。

对企业核心竞争力可以做如下理解：

(1) 企业本质上是一个能力集合体，能力是对企业进行分析的基本单元。企业能力存在于员工的身体、战略规划、组织规划、文化氛围之中。由于路径依赖的作用和能力对企业整体的依托，企业的任何一部分脱离企业之后都不再具有完全意义上的原有“能力”，企业是一个特殊能力体。

(2) 企业的核心竞争力决定了企业经营范围的广度和深度。企业核心竞争力的储备状况决定企业的经营范围，特别是企业多元化经营的广度和深度。企业的核心竞争力的差异决定企业的效率差异，进而决定企业的收益差别。各企业的员工组成与能力、组织结构、经历、内部各组成要素的相互作用方式等各不相同，由此使各企业在从事相同或不同的生产经营活动中具有不同的能力，显示出不同的效率。这表现在企业的技术水平、生产成本、产品特色、服务质量、市场位置等方面，并最终体现在获利的多寡上。

（3）企业拥有的核心竞争力是企业长期竞争优势的源泉。隐性的“知识和能力”在企业的成长过程中发挥着重要的作用，在产品生命周期日渐缩短和企业经营日益全球化的今天，竞争成功不再被看作是转瞬即逝的产品开发或市场战略的结果，而是企业具有不断开发新产品和开拓市场的特殊能力的体现，具有比竞争对手更卓越有成效地从事生产经营活动和满足顾客变化需求的核心竞争力的体现。在企业取得和维持竞争优势的过程中，企业核心竞争力的培养和各种能力的综合运用是关键因素，而经营战略不过是企业发挥智力资本潜能并充分应用到新的开发领域的活动与行为。

（4）培育和不断发展核心竞争力是企业的长期根本性战略。企业战略的核心不在于产品、市场和结构，而在于行动反应能力，战略的首要目标是确定和开发竞争对手难以模仿的核心竞争力，并把它积极应用于各项经营活动中去。因此，具有动态性质的核心竞争力是企业追求的长期战略目标，核心能力积累的关键在于创建学习型组织，在不断修炼过程中增加企业的专有性资产、隐性的不可模仿的知识等。

二、核心竞争力形成的主要影响因素

影响核心竞争力形成的主要因素，主要有以下几种。

（一）知识

人才竞争，归根到底是知识的运用。知识一旦被个人掌握就形成了个人能力，而一旦为企业员工有组织地掌握就转化为企业集体拥有的某一方面的能力，如技术能力或管理能力，称之为要素能力，而这种能力正是形成核心竞争力的基本构成要素。企业通过内部知识创新和外部知识获取不断形成新的知识，并有组织地在企业内部学习、共享，不断形成和强化企业要素能力，从而为核心竞争力的培育输入新的力量。

（二）资源

经济的高速发展已经给环境资源带来了很大的压力，资源是有限的，各企业在形成核心竞争力的过程中，离不开企业各种资源的基础支撑作用。核心竞争力的建立往往需要5～10年，甚至更长时间。如果没有充足的资源支撑，核心竞争力很难建立起来。例如：沃尔玛为建立其存货补充能力，在全球卫星定位系统和数据网络等信息技术上进行持续的投资。

（三）信息技术

计算机技术、数据识别系统、通信技术、工厂自动化和其他相关的硬件和服务上的信息革命，改变产业结构，同时也改变竞争规则，而信息技术的发展将从根本上改变企业的运作方式。

三、企业核心竞争力的组成要素

企业核心竞争力是处在核心地位的、影响全局的竞争力，是一般竞争力的统领。从企业核心竞争力表现形式的不同可将其关键要素分为三大类：核心产品、核心技术和核心能力。三者之间关系密切，核心产品来自核心技术，核心技术来自核心能力。这些企业赖以生存和发展的关键要素有无形的，也有有形的；既包含某些“软”能力，也包含某些可以测度的“硬”能力。具体来说，企业核心竞争力的要素包括：核心技术能力、核心生产能力、战略决策能力、营销能力、组织协调能力以及企业文化和价值观等。

(1) 核心技术能力包含企业的研发（R&D）能力、产品和工艺的创新能力等，是构成企业核心竞争能力的中心，决定企业能否最快最优地将技术资源转化为技术优势。

(2) 核心生产能力是企业核心竞争能力赖以形成的基础。

(3) 战略决策能力是企业对复杂多变的环境中的重要事件、机会或危机、威胁等作出正确的反应以及规划未来的能力，它决定着企业核心资源的配置状况，关系企业的兴衰。

(4) 企业的营销能力和组织协调能力是企业核心竞争能力实现的重要保证。

(5) 企业文化和价值观是企业核心竞争能力形成和发展的重要条件。

企业核心竞争能力的大小，不仅取决于上述各项能力各自的强弱，而且取决于彼此的匹配程度，任何一方面的能力过于弱小，都会在很大程度上影响企业的核心竞争能力。

普拉哈拉德教授在研究核心竞争力时提出了一个非常形象的“树形理论”。他把现代化、多样化的企业视为一棵大树，“树干和主要树枝是核心产品，树叶、花朵和果实是终极产品”。“树根为维护企业的健康提供养分，维持生命，保持稳定”，是企业的核心竞争力。

“树形理论”把企业核心竞争力描述成一个从“核心竞争力”到“核心产品”再到“终极产品”的发展延伸过程。同时，普拉哈拉德教授又指出，企业的核心竞争力、核心产品和终极产品之间既有区别，又密不可分。核心竞争力和终极产品之间的有形纽带被称为核心产品，是一种或多种核心能力的实际体现。对核心竞争力、核心产品和终极产品进行区分至关重要，如能够在这三个层次上长期取得并保持领先地位，公司就可能在每一个层次中都成为赢家。为了提高核心竞争力，一些公司最大限度地扩展其核心产品在世界市场上的份额，为各种客户生产核心产品，使公司获得加强核心竞争力和扩展步伐需要的收益。

四、有关核心竞争力的几组概念

（一）资源与能力

通俗地说，资源就是一个企业所拥有的具有价值实现能力的任何东西。能力是整合一组资源来执行一个任务的本事，它出现在特定的业务职能中。通常认为，核心竞争力来源于能力，而能力又离不开资源。由于资源和能力关系非常密切，巴尼将两者捆在一起来解释，认为企业的资源和能力包括企业用来开发、生产和分销产品或服务给客户的所有财力、物力、人力和组织资源。

（二）核心产品、最终产品和核心竞争力

核心产品是核心竞争力与最终产品之间的纽带，是在产品设计、生产、销售的全过程

（价值链）中的某一关键环节的产品，是一个或一个以上核心竞争力的物质体现。核心产品具有极强的价值性，能够产生独特的竞争优势。而最终产品则向客户展示了企业核心竞争力的强弱。一定意义上讲，“树形理论”也是对三者关系的描述。

（三）一般竞争力与核心竞争力

一般竞争力是企业功能领域上的竞争力，如营销竞争力等，通常为某个领域的竞争力，是一种浅层次的竞争力，其波动性有时较大。核心竞争力是一般竞争力的统领，它建立在各级竞争力、各种能力以及企业各类资源的基础之上，能够体现企业的总体竞争优势。具备核心竞争力的企业不一定具备同类企业的所有基本能力，而具备所有基本能力的企业不一定具备核心竞争力。

从市场机会（外部角度）来认识核心竞争力，提出要针对企业所处的外部环境中不同的市场机会来进行核心竞争力管理，才能确保核心竞争力的有效性和战略价值性。通过对核心竞争力的识别与判断，企业可以确定其现有的核心竞争力和现有市场，明确有哪些能力支持哪些产品与服务，从而可以目标明确地强化特定的生产地位。这时，企业要时刻关心用现有的核心竞争力增进现有市场地位的机会，要分析现有市场，设想和发现新产品、新服务的商机，以扩大现有的核心竞争力的应用范围，然后将这种能力应用到市场上去。此外，企业还要考虑如何保证在现有市场中始终占据领先地位，应该形成哪些新的核心竞争力，以及发展哪些核心竞争力才能占领未来市场。企业提升其核心竞争力，既要确定增补哪些能力，也要适时淘汰旧能力、建立新能力以适应市场需求的长远规划。

五、核心竞争力对变革战略的作用

变革战略的管理是一个包括辨识变革需求、确定变革目标、实施变革措施和衡量变革效果等步骤在内的循序渐进、周而复始的循环过程。从核心竞争力的角度看，变革战略管理也是一个核心竞争力的辨识和评估、培育和提升以及再评估的循环过程。

（1）辨识变革需求，是回答“是否需要变”的问题。变革的最终目的，是使企业拥有持续的竞争优势，从而在剧烈而多变的市场竞争中取得主动，实现永续经营。作为持续竞争优势的源泉，核心竞争力自然成为辨识变革需求的出发点和落脚点。面对竞争环境的变化，倡导变革者需要根据核心竞争力能否转换成持续的竞争优势，来判断变革的必要性和迫切性。

（2）确定变革目标，是回答“在哪些方面变，变成怎样”的问题。变革的首要问题是企业的业务或者业务组合是否需要变。核心竞争力基本上决定了这个问题的答案：建立在核心竞争力基础之上的业务可以发展，否则就不要涉足；甚至是在企业现有的业务中，如果其核心竞争力已经消亡，就要将其从业务组合中裁减掉。

核心竞争力是否能转变成竞争优势，取决于相应的转换机制和环境条件。因此，在确定变革目标的过程中，还需要对企业的组织结构、流程制度、管理风格、企业文化、资源状况等进行评估，按照有利于促进培育和提升企业的核心竞争力并向持续竞争优势转化的标准，决定在哪些方面进行多大程度的改革。

（3）实施变革措施，实际上是解决“怎么变”的问题。在决定“业务组合是否需要变”，以及“在核心竞争力的培育、提升和转换的机制和环境条件上，有哪些方面需要做多大程度的改革”等问题之后，就可以制定和实施具体的变革措施。在这当中，变革措施的实施者要始终绷紧核心竞争力这根“弦”，借以对照并修订变革措施，使变革措施的实施最终达到预期的目的。同时，在衡量变革效果中，是否有利于增强和转换企业的核心竞争力，应该成为变革成功与否的判断标准。

基于核心竞争力的企业战略，并非一定就是专一业务经营的战略。企业决策的关键，在于所经营的业务建立在自己的核心竞争力的基础之上。在实施基于核心竞争力的多元化经营方面，佳能公司是一个很好的例子。

实施基于核心竞争力的变革措施，在考虑核心竞争力的基础作用的同时，要以人尤其是企业高层的变革为突破口。成功的变革大多是由高层自上而下发动的，并且拥有一个推动变革的灵魂人物，如通用电气（GE）的韦尔奇、IMB 的郭士纳、诺基亚的奥利拉等，在中国，科龙集团、长虹电器、联想集团、华帝燃具等也都在高层推动变革方面做了极大的努力和尝试。

拓展任务

试论述物流企业提升核心竞争力的方法。

任务二　客户关系管理对物流企业核心竞争力的提升

案例导入

金丰易居为 A 股上市公司金丰投资旗下专业从事房地产策划与销售代理的企业。它是集租赁、销售、装潢、物业管理于一身的房地产集团。由于房地产领域竞争日趋激烈，花一大笔钱在展会上建个样板间来招揽客户的做法已经很难收到好的效果，在电子商务之潮席卷而来时，很多房地产企业都考虑用新的方式来吸引客户。金丰易居在上海有 250 多家连锁门店的有形网点，以前如果客户有购房、租房的需求，都是通过电话、传真等原始的手段与之联系。由于没有统一的客服中心，而服务人员的水平参差不齐，导致用户常常要多次交涉才能找到适合解答他们关心问题的部门。又由于各个部门信息共享程度很低，所以用户从不同部门得到的回复有很大的出入，由此给用户留下了很不好的印象，很多客户因此干脆就弃之而去。更让金丰易居一筹莫展的是，尽管以前积累了大量的客户资料和信息，但由于缺乏对客户潜在需求的分析和分类，这些很有价值的资料利用率很低。金丰易居的总经理彭加亮意识到，在 Internet 时代，如果再不去了解客户的真正需求，主动出击，肯定会在竞争中被淘汰。金丰易居与美国艾克公司接触后，决定采用该公司的 CRM 产品。

知识探究

在核心竞争力的观念进入物流企业领导人的意识之前，核心竞争力的形成是一种无意识的企业行为的结果。其形成和成长的速度和强度，同企业有意识的塑造和提升行为的影响相比，要慢得多、弱得多。与此相比，根植于核心竞争力观念的物流企业领导人，往往能够在认准市场需求和产品技术变化趋势的基础上，对企业的核心竞争力进行准确定位，然后建立相应的企业机制，配备相应的环境条件来塑造和提升核心竞争力，并将其转化成竞争优势。同时，这一切反过来进一步增强企业的核心竞争力。

培育和提升核心竞争力，并把它转换成竞争优势的机制，一般包括企业的组织结构和流程制度，而管理风格、企业文化和资源状况则构成了转换环境。成功的企业往往能够完善这种转换机制和环境条件，实现以核心竞争力制胜。客户关系管理也可以实现企业核心竞争力的打造。

一、CRM 打造企业核心竞争力的必要性和可能性

CRM 的出现体现了两个重要的管理趋势的转变：

第一，客户关系管理理念使物流企业实现向以客户为中心的模式的转移。这有着深刻的时代背景，那就是随着各种现代生产管理方式和现代生产技术的发展，服务的差别越来越模糊，服务同质化的趋势越来越明显，因此，通过服务差别来细分市场从而创造物流企业的竞争优势也变得越来越困难。

第二，CRM 的出现表明物流企业管理的视角从“内视型”向“外向型”的转换。众所周知，互联网及其他各种现代交通、通信工具的出现和发展使全球变成了一个地球村，企业与企业之间的竞争几乎变成了面对面的竞争。尤其是在我国加入 WTO 后，仅仅依靠 ERP 的“内视型”的管理模式已难以适应激烈的竞争，物流企业必须转换视角，从“外向型”整合资源，实现用 CRM 打造自己的核心竞争力。

互联网与电子商务将触发物流企业内外部流程和核心竞争力的调整。随着互联网与电子商务的发展，以往代表物流企业竞争优势的企业规模、固定资本、人员队伍已经不再是企业在竞争中处于领先地位的决定因素。由于竞争对手和新机遇不断涌现，物流企业必须创造新的结构以适应变化和需求。依赖于客户生存的企业必须学会如何对待具有不同背景的客户，并借助相关系统满足客户的需求，加强对客户的吸引力。CRM 不仅帮助企业在管理客户关系方面表现得更佳，而且将帮助企业更快更好地打造企业核心竞争力。

经济全球化和电子商务的发展广泛而深入地改变着所有物流企业的业务运作和管理方式，这使物流企业核心竞争力的某些构成要素在形式和内容上发生变化。物流企业竞争的基础和竞争优势的本质已经发生变化，这主要是因为信息时代使地理和环境不再具有以往的意义，规模和权力也不再能够确保市场份额，技术发展和全球化趋势减弱，消除了许多过去曾妨碍经济增长的障碍。企业和客户都可以在全球范围内建立彼此之间以及与各类信息之间的连接，这不仅使客户可以寻找到能够满足其需求的最佳服务供应商，而且消除了现存市场上固有的进退壁垒。也就是说，企业在市场中获胜所需的要素组合，如一个企业

所拥有的资本、资源、信息和人力等都可以很快被竞争对手复制。所以，企业的核心竞争力成为企业竞争制胜的特有优势，而企业全面掌握的客户信息、对客户需求的了解以及良好的客户关系本身，在核心竞争力体系中的地位就更加突出。

CRM 的出现，使物流企业真正能够全面观察其外部的客户资源，并使物流企业的管理全面走向信息化，促使企业全面地关注其核心竞争力的打造。物流企业想在瞬息万变的市场环境中立于不败之地，就必须依托现代化的管理思想和管理手段，有效地对企业的内部资源和外部资源进行整合。以 CRM 为代表的先进计算机管理系统在企业的内部资源和外部资源整合中，将不仅改变物流企业的管理和运营模式，也直接影响企业的竞争能力。

二、CRM 打造企业核心竞争力

在前面章节中已经介绍了核心竞争力的各要素，CRM 可以通过作用于物流企业核心竞争力的各要素来打造物流企业的核心竞争力，具体如下。

（一）CRM 打造核心竞争力中的市场竞争力和物流企业收益能力

市场竞争力和物流企业收益能力是企业比较关心的两个方面，企业使用的管理方式是否可以提高企业在这两方面的能力是物流企业关心的问题。物流企业通过实施 CRM，形成统一的客户联系渠道和全面的客户服务能力，将同样成为企业核心竞争力的重要组成部分。物流企业细心了解客户的需求、专注于建立长期的客户关系，并通过在全机构范围内实施“以客户为中心”的战略来强化这一关系，通过统一的客户联系渠道为客户提供比竞争对手更好的客户服务，这种基于客户关系和客户服务的核心竞争力因素，都将在市场和绩效中得到充分的体现。优质的服务可以促使客户回头购买更多的服务，从而使市场竞争力得到加强，企业整个业务也将从每位客户未来不断的采购中获得收益。

（二）CRM 打造核心竞争力中的战略决策能力和总体规划能力

CRM 系统将为物流企业创造出先进的客户智能和决策支持能力，这为打造核心竞争力中的战略决策能力和总体规划能力都将起到重要的保障和促进作用。CRM 能够使物流企业跨越系统功能和不同的业务范围，把各业务活动的执行、评估、调整等与相关的客户满意度、忠诚度及客户收益等密切联系起来，提高了企业整体业务活动的有效性；同时对客户信息和数据进行有效的分析，为企业商业决策提供分析和支持，这将从根本上保障物流企业的核心竞争力。

（三）实施 CRM 系统，打造核心竞争力中的核心技术

管理技术使不同的物流企业都在试图用一种适合自己而不同于其他企业的管理技术来打造核心竞争力。CRM 是可用于帮助物流企业管理客户关系的一系列信息技术或手段，涉及销售、市场营销、客户服务以及支持等应用软件。物流企业通过实施 CRM 系统可以使以客户为中心的商业运作实现自动化，并通过先进的技术平台和改进的业务流程，体现出传统资源与先进技术结合，发挥整体优势的能力。

（四）CRM通过引入“以客户为中心”的管理思想，打造物流企业核心竞争力中的管理理念

随着网络经济和电子商务的发展，物流企业已经从只注重运营效率的提高转化为关心客户需求，形成“以客户为中心”的管理理念。人们在大量的探索和实践中逐渐认识到，建立并维持良好的客户关系，已经成为获取独特竞争优势的最重要基础。而CRM正是遵循客户导向的策略，通过对客户进行系统化的研究，来改进对客户的服务水平、提高客户的忠诚度，不断争取新客户和商机，以便为企业带来长期稳定的利润。这一管理思想的出现为打造企业的核心竞争力提供了先进的管理理念指导。

（五）CRM在物流企业资源整合中，通过改变企业的管理机制（模式），直接影响企业的竞争力

CRM作为一种改善企业与客户之间关系的新型管理机制，主要体现在市场营销、销售管理、客户服务和决策分析4个方面。在市场营销方面，新的营销机制包括对传统市场营销行为和流程的优化及自动化、一对一营销与实时营销；在销售管理方面，CRM扩展了销售的概念，从销售人员的不连续活动到涉及公司各职能部门和员工的连续进程都纳入了销售实现中；在客户服务方面，与传统商务模式相比，CRM把客户服务视作最关键的业务内容，视同企业的赢利而非成本来源；在决策分析方面，CRM创造和具备了使客户价值最大化的决策分析能力。通过CRM可使企业在上述4个方面形成彼此协调的全新管理机制，有利于企业形成持久的竞争优势。

（六）CRM保证物流企业核心竞争力的持续提高

由于CRM系统在功能方面实现了销售、营销、服务、电子商务和呼叫中心等应用的集成，其目标是持续提高物流企业的运营和管理的先进化、自动化水平。CRM系统自身具有能动的、持续进步的能力，将保证物流企业不断根据其资源状况和市场竞争情况，调整竞争战略、突出技术优势，在拥有良好而稳定的长期客户关系的基础上获得不断的市场成功。这些能力对企业核心竞争力中的相关构成要素将起到持续的推动和促进作用。

（七）CRM创建基于互联网的管理应用框架

CRM将创建基于互联网的管理应用框架，使物流企业完全适应在电子商务时代的生存和发展，那么它也将推动企业在互联网环境下打造自身的核心竞争力。物流企业只有通过全面的改革和CRM实施应用，才能具备在互联网环境下适应变化、不断创新、不断超越的能力，这也是互联网和网络经济赋予企业核心竞争力的新的含义。

通过上面的论述可以知道，客户关系管理可以提升物流企业的核心竞争力，使物流企业在激烈的竞争中立于不败之地。

拓展任务

CRM如何打造企业核心竞争力？

实训练习

拓展任务

导致物流企业核心竞争力丧失的常见原因

常见原因有：(1) 盲目、过度多元化。背离自己的核心专长，结果喧宾夺主，优势不再。(2) 关键要素流失。比如核心团队成员或技术、业务骨干被挖走，以及由此引起的核心技术流失、核心经营管理方法流失、核心价值观流失等。(3) 企业过快、过度低成本扩张，结果核心能力被稀释。所谓适度扩张，就是企业的扩张速度与规模要与自身的承受能力、消化能力相适应，要循序渐进、滚动发展。(4) 企业核心能力过分依赖个人，随着领导人的更迭或能力衰退而优势不再。解决此问题有赖于建立和完善现代企业制度。现代企业制度的确立可确保管理权的平稳过渡与传贤。

任务	分析物流企业客户关系管理与物流企业核心竞争力之间的相关作用
完成时间	1学时
任务目标及要求	熟练运用物流企业客户关系管理与物流企业建设与发展的相关内容进行探讨
研讨内容	客户关系管理、物流企业建设、物流企业发展等
研讨成果	需依据所学知识得出相关结论，有理有据即可
讨论过程	分小组讨论
自我角色	组长、组员
评价	分别由其他小组及老师打分

参考文献

1. 代海涛．客户关系管理．北京：电子工业出版社，2014.

2. 周贺来．客户关系管理实用教程．北京：机械工业出版社，2009.

3. 张庆英．物流案例分析与实践．北京：电子工业出版社，2010.

4. 李文龙．客户关系管理实务（第二版）．北京：清华大学出版社，2013.

5. 周爱国．物流客户关系管理实务．北京：中国物资出版社，2010.

6. 魏农建．物流营销与客户关系管理（第二版）．上海：上海财经大学出版社，2009.

7. 王淑娟．现代物流客户关系管理实务（第二版）．北京：清华大学出版社，2016.

8. 刘传富，等．现代企业物流与供应链管理研究．北京：中国商务出版社，2012.

9. 江林．顾客关系管理（第二版）．北京：首都经济贸易大学出版社，2009.

10. 王宏．客户服务部规范化管理工具箱．北京：人民邮电出版社，2007.

图书在版编目（CIP）数据

物流企业客户关系管理/张松涛，詹帅，李腾主编．—北京：中国人民大学出版社，2019.1
教育部中等职业教育专业技能课立项教材
ISBN 978-7-300-24888-2

Ⅰ.①物… Ⅱ.①张… ②詹… ③李… Ⅲ.①物流企业-销售管理-商业服务-中等专业学校-教材 Ⅳ.①F253

中国版本图书馆 CIP 数据核字（2017）第 199891 号

教育部中等职业教育专业技能课立项教材
物流企业客户关系管理
主　编　张松涛　詹　帅　李　腾
Wuliu Qiye Kehu Guanxi Guanli

出版发行	中国人民大学出版社		
社　　址	北京中关村大街 31 号	**邮政编码**	100080
电　　话	010－62511242（总编室）		010－62511770（质管部）
	010－82501766（邮购部）		010－62514148（门市部）
	010－62515195（发行公司）		010－62515275（盗版举报）
网　　址	http：//www.crup.com.cn		
	http：//www.ttrnet.com（人大教研网）		
经　　销	新华书店		
印　　刷	山东百润本色印刷有限公司		
规　　格	185 mm×260 mm　16 开本	**版　　次**	2019 年 1 月第 1 版
印　　张	10.75	**印　　次**	2019 年 1 月第 1 次印刷
字　　数	256 000	**定　　价**	26.00 元